L'HÉROÏNE D'ORLÉANS,

XVᵉ SIÈCLE,

AVEC UNE CARTE DE TOUS LES LIEUX CITÉS DANS CET OUVRAGE
ET UN PLAN DE LA VILLE D'ORLÉANS,
A L'ÉPOQUE DE SA DÉLIVRANCE PAR JEANNE D'ARC;

PAR M.

J.-F.-D. D'ATTEL DE LUTANGE,

Membre correspondant de la Société royale des Antiquaires de France.

Pour parler dignement de Jeanne, cette
sublime et sainte héroïne, il faut une religieuse inspiration... surtout il faut être
Français.

On peut styler un imposteur...
Dieu seul fait le héros...

TOME DEUXIÈME.

* * *

PARIS.

LIBRAIRIE DE CHARPENTIER,

7, PALAIS-ROYAL, GALERIE D'ORLÉANS.

1844.

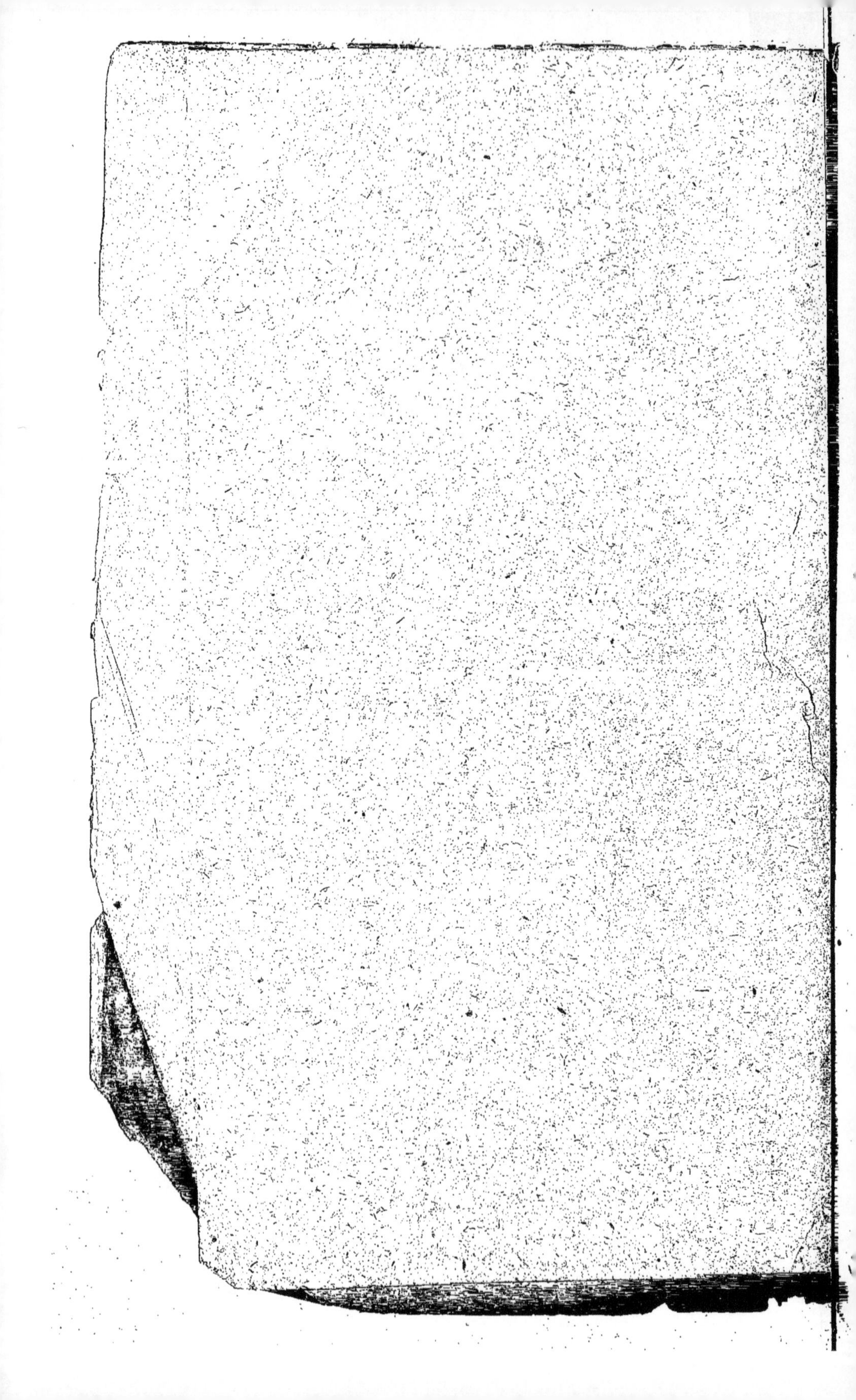

L'HÉROÏNE D'ORLÉANS.

II.

PARIS. — IMPRIMERIE DE BOURGOGNE ET MARTINET,
Rue Jacob, 30.

L'HÉROÏNE D'ORLÉANS,

XVᵉ SIÈCLE,

AVEC UNE CARTE DE TOUS LES LIEUX CITÉS DANS CET OUVRAGE,
ET UN PLAN DE LA VILLE D'ORLÉANS,
A L'ÉPOQUE DE SA DÉLIVRANCE PAR JEANNE D'ARC.

PAR M.

J.-F.-D. D'ATTEL DE LUTANGE,

Membre correspondant de la Société royale des Antiquaires de France.

> Pour parler dignement de Jeanne, cette sublime et sainte héroïne, il faut une religieuse inspiration... surtout il faut être Français.
>
> On peut styler un imposteur...
> Dieu seul fait le héros...

TOME DEUXIÈME.

PARIS.

LIBRAIRIE DE CHARPENTIER,

7, PALAIS-ROYAL, GALERIE D'ORLÉANS.

1844.

[illegible]

[illegible]

[illegible]
[illegible]
[illegible]

[illegible]

[illegible]
[illegible]

[illegible]

[illegible]
[illegible]
[illegible]
[illegible]

LIVRE CINQUIÈME.

CHAPITRE Ier.

. . . . Aux Champs Élysées
C'est la grande revue, à l'heure de minuit,
Que César décédé vient passer chaque nuit.

(Ballade.)

A tort ou à raison, un prince assume
la gloire et la honte de son règne.

On voudrait trouver grand le prince
pour qui se fait de grandes choses.

Cela est quelquefois bien difficile, pour
ne pas dire impossible.

Le 28 de juin de l'an de grâce 1429, l'armée française, pleine de courage et de confiance, s'ébranla comme un seul homme et quitta les murs de Gien pour suivre le chemin de l'honneur que lui montrait Jeanne. Celle-ci était accompagnée de ses deux frères, qui, nobles enfants de la Lorraine, avaient aussi voulu partager les périls et la gloire de cette entreprise à jamais mémorable.

Car, il faut bien en convenir, c'était vraiment une

périlleuse entreprise que celle-là. En effet, tout le
pays qui séparait l'armée de cette cité de Reims,
où tendaient tous les vœux, était au pouvoir
de l'ennemi. Au moindre revers, à la première résistance un peu sérieuse, et on devait nécessairement rencontrer sur la route plusieurs villes considérables, la cause de Charles était gravement
compromise, sinon perdue sans ressources.... Il
fallait donc s'aventurer, c'est le mot, avec la ferme
résolution de vaincre ou de mourir. Et pourtant,
pour affronter tant de dangers, pour surmonter
tant d'obstacles, on n'avait ni vivres, ni argent, ni
aucune place de guerre un peu importante. On n'a-
vait d'autres ressources que le courage d'une poignée
de Français et l'héroïsme d'une jeune fille dont les
promesses n'avaient jamais failli. C'était d'après ses
célestes inspirations qu'on osait ainsi s'aventurer,
qu'on osait former l'entreprise la plus téméraire qui
se soit jamais vue, entreprise condamnée d'avance
par toutes les règles de la prudence humaine et de
la science militaire. Oui, c'en était fait de la fortune
de la France, c'en était fait de son roi, si Jeanne
n'était pas inspirée. Mais le doigt de Dieu était là ;
l'Éternel avait décidé que les nobles lis, protégés
par l'innocence d'une jeune bergère, allaient refleu-
rir plus beaux que jamais.

« L'armée, dit un vieux chroniqueur, montoit à
» environ douze mille combattants, tous preux,
» hardis, vaillants et de grand couraige, comme pa-
» ravant, et lors, et aussi depuis ; montrèrent en
» leurs faicts et vaillantes entreprises, et par espécial

» en celluy voyage, durant lequel passèrent en al-
» lant et repassèrent en retournant, sans rien crain-
» dre, par pays et contrées dont les villes, chasteaux,
» ponts et passages étaient garnis d'Anglois et de
» Bourguignons. »

Parmi les valeureux compagnons de Jeanne, on remarquait le duc d'Alençon, les comtes de Clermont et de Vendôme, Dunois, bâtard d'Orléans; le comte de Boulogne, le sire de Trèves, ancien chancelier de France; les maréchaux de Rayz et de Sainte-Sévère, l'amiral de Culan, les sires de Laval, de Lohéac, de Thouars, de Sully, de Chaumont-sur-Loire, de Prie, de Chauvigny, Jamet du Tilloy, La Hire, Poton de Xaintrailles, Thibaut d'Armagnac dit de Termes, Jean d'Aulon, écuyer de Jeanne; ses deux pages, Louis de Coutes et Raymond; enfin tout ce que la France comptait de plus noble et de plus illustre. Regnault de Chartres, archevêque de Reims et chancelier de France; La Trémouille, ministre et favori du roi, entraînés l'un et l'autre par la force des choses, et obligés de faire bonne contenance, bien qu'au fond ils désapprouvassent l'entreprise, *faisaient aussi partie de l'expédition.*

Le premier jour, l'armée s'en vint loger à Briare; le lendemain, le roi arriva. Ce fut vraiment un beau coup d'œil de voir tous ses gens, tous ses gardes, sa maison, comme on dirait aujourd'hui, réunis sur ce point. Après avoir traversé Blesneau et Aillant, localités de peu d'importance, l'armée fut en vue d'Auxerre. Dévouée au duc de Bourgogne, craignant des représailles de la part des Anglais, cette ville, alors très forte, ferma ses portes au souverain légitime. Jeanne, qu'il faut toujours citer quand il s'agit de nobles conseils, fut d'avis qu'aussitôt sommation faite, si on ne se soumettait, on donnât sur-le-champ l'assaut à cette ville rebelle. C'est assez dire que la jeune héroïne répondait du succès de l'entreprise.

C'était parler haut et ferme, et comme il est du devoir d'un Français de parler aux ennemis de son roi. Mais la politique qui gâte tout, qui flétrit tout, qui souille tout de son souffle empoisonné, vint malheureusement se jeter, comme une prostituée, à la traverse de l'honneur. Des députés arrivèrent au camp, et supplièrent hypocritement le roi de permettre que leur cité restât neutre, promettant, en échange, de fournir des vivres à l'armée, et de plus, mais cela fut dit tout bas, offrant, sous main, 2,000 écus au ministre La Trémouille, pour qu'il assurât le succès de la négociation. Les pots-de-vin figuraient déjà au quinzième siècle.

Comme on peut bien s'en douter, cette sale négociation réussit, au grand mécontentement de Jeanne et de tous les guerriers fidèles à l'honneur. Toutefois, comme si les propositions de la cité rebelle n'étaient pas encore assez humiliantes, le ministre fit ajouter au traité la clause « que les habi-» tants d'Auxerre s'engageoient à faire ensuite au » roy telle obéissance que feroient ceux des villes de » Troyes, de Châlons, de Reims. » Ce qui voulait dire clairement que si le roi avait le dessus, on ne demandait pas mieux que de le reconnaître; qu'au contraire, s'il était vaincu, malheur à lui...

Quoi qu'il en soit, l'armée, après avoir campé trois jours sous les murs d'Auxerre, marcha sur Saint-Florentin, qui se soumit sans coup férir; puis on s'avança vers Troyes. Jeanne, qui ne négligeait aucune occasion d'inspirer de la confiance au roi, jugea à propos de passer en sa présence une revue générale de l'armée, dans une vaste plaine, en avant de cette ville. Toujours est-il que l'enthousiasme des soldats, qui était déjà grand, fut immense ce jour-là. A la vue de son roi, tout Français n'est-il pas un héros?

CHAPITRE II.

Satan percussit Job ulcere pessimo, a
planta pedis usque ad verticem ejus : qui
testa saniem radebat, sedens in sterqui-
linio.

(*Job*, c. II, v. 7.)

Cependant l'armée s'avançait en bon ordre au sein
des plaines de la Champagne. C'était vraiment un
beau spectacle de voir cette masse compacte de
guerriers aux armures étincelantes reflétant les
rayons du soleil, et cette forêt de bannières aux
mille couleurs, dont les nobles blasons ondulaient
gracieusement au gré des vents. Comme on n'apercevait plus une seule lance ennemie du plus loin
que la vue pût s'étendre, qu'on ignorait même
complétement où était l'armée anglaise et bour-
guignonne, que les dernières victoires avaient
rendue sans doute plus circonspecte, on devisait
joyeusement dans les rangs. Au milieu des principaux chefs de l'armée se faisait remarquer Jeanne,
la belle et noble Jeanne, montant avec grâce un
superbe coursier. Bien que de secrètes jalousies exis-
tassent toujours contre l'héroïne, cependant le courage dont elle venait de donner des preuves si écla-
tantes, et les succès multipliés qui en étaient résultés,

avaient fermé, jusqu'à un certain point, la bouche
aux envieux, et chacun s'empressait autour d'elle.
Il faut bien l'avouer, toutefois, dans cet empresse-
ment il y avait bien plus de curiosité encore que
de sincère admiration. C'était, en effet, un spectacle
si nouveau, si extraordinaire que celui d'une jeune
fille rivalisant d'héroïsme avec les plus braves guerriers, qu'à peine ceux-ci pouvaient en croire leurs
yeux, ou plutôt conservaient toujours intérieurement une sorte de prévention contre celle qu'ils
étaient forcés d'admirer. Car, il faut bien le dire, en
ce temps-là on s'imaginait, à tort ou à raison, qu'un
noble sang avait seul le droit d'enfanter des prodiges
de valeur : aussi regardait-on comme une chose
illicite, je dirai presque comme une honte, de *tolérer*, c'est le terme, qu'un *vilain*, c'était encore l'expression reçue, qu'un *vilain* qui ne comptait pas
une longue suite d'aïeux, suivît la profession des
armes. Tels étaient les préjugés du temps, préjugés injustes, sans doute, mais qui imposaient de
grandes obligations à la noblesse, que celle-ci, il
faut bien en convenir, remplissait toujours avec une
fidélité religieuse.

Un spectacle repoussant, et qui n'était malheu-
sement que trop commun à cette époque, vint faire
diversion aux gais propos des guerriers. Du sein de
quelques broussailles s'éleva soudain un bruit
étrange. Un instant, on put croire à quelque surprise, et que l'ennemi n'était pas loin. On se trompait pourtant. Ce que l'on venait d'entendre était la
crécelle d'un pauvre ladre qui avertissait qu'on eût

à l'éviter. Et effectivement, quelques pas plus loin, on l'aperçut se traînant péniblement, ou plutôt rampant sur la terre, toute souillée de la sanie qui suintait de son corps, qui n'était plus, à vrai dire, qu'une plaie immense, horrible à voir. Ce n'était qu'à grand'peine que le malheureux pouvait se mouvoir; un de ses pieds avait été rongé entièrement par la lèpre, ses mains avaient perdu quelques doigts, enfin un de ses yeux, le nez et tout un côté de la joue, avaient été la proie de l'effroyable maladie qui le dévorait lentement. De sorte que l'on voyait ses dents qui s'entrechoquaient; et l'infortuné était si émacié, que, le croirait-on? on pouvait compter les faibles pulsations de son cœur : c'était là tout ce qui lui restait de sa triste existence..... Chaque mouvement qu'il faisait, des lambeaux de chair à demi pourris se détachaient, Quelques haillons gisaient çà et là autour de lui; car, pour ne pas aggraver son supplice, il avait été contraint de ne plus s'en couvrir, et de montrer à nu son épouvantable misère. Enfin, un pauvre chien était couché près de lui : c'était le seul ami qui ne l'eût pas abandonné.

A ce spectacle lamentable, un cri d'horreur partit des rangs des soldoyers. Quelques uns se signèrent ; d'autres, mus par un sentiment de pitié (vous allez voir quelle était alors la pitié d'un soldoyer), s'écrièrent qu'il fallait occir le ladre, que ce serait lui rendre un grand service. Mais l'infortuné, qui n'avait pas mangé depuis longtemps (ceux qui étaient chargés d'aller lui jeter chaque jour, comme à un vil animal, un morceau de pain, avaient été tués par l'ennemi), se prit à crier piteusement qu'il mourait de faim. — Soldoyers, fit-il d'une voix caverneuse, soldoyers, ayez pitié du pauvre ladre! Un morceau de pain, s'il vous plaît, pour lui et son chien... Soldoyers! ayez pitié du pauvre ladre, et Dieu aura pitié de vous!

Et le malheureux tendait ses longs bras tout décharnés, et, de temps en temps, essuyait avec les larges feuilles des plantes qui couvraient le sol le sang noir et corrompu qui ruisselait de tous ses membres.

Ce n'est pas en vain qu'on implore la générosité du soldat français. En un clin d'œil, le ladre fut approvisionné pour longtemps. Chaque soldoyer venait de vider son bissac, et de donner, ou plutôt de jeter tout ce qu'il renfermait au malheureux; car il était défendu de l'approcher, c'eût été presque un crime. Toujours est-il que l'imprudent qui aurait touché le ladre eût été forcé de demeurer désormais avec lui, tant cette horrible maladie inspirait d'effroi.

Cependant, malgré cette abondante charité, celui-ci eût risqué peut-être de ne pouvoir assouvir la faim qui le tourmentait. Il était si faible, en effet, et la lèpre avait fait de si cruels ravages, qu'il était fort douteux qu'il eût pu parvenir jusqu'à cette espèce de ceinture de pain et de viande que la commisération des soldoyers avait faite autour de lui. Mais son ami, son chien était là. Le fidèle animal a compris le service qu'il devait rendre à son maître infortuné : à un signe de celui-ci, on le

voit s'élancer en agitant la queue vers cette nourriture providentielle qui jonche le sol; puis la saisir
avec les dents, non pour la dévorer, quoique la
faim le tourmentât non moins et peut-être encore
plus que le ladre, mais pour la porter fidèlement
aux pieds de celui-ci, et attendre en silence la part
qu'il méritait.

C'était vraiment un spectacle nauséabond de
contempler le malheureux, et son chien dévorer
cette nourriture improvisée. En présence de cet
horrible festin, les soldoyers étaient plongés dans
une sorte de stupeur. Beaucoup se signaient, se
recommandaient à Dieu ; car la vue d'une grande
infortune force les plus endurcis à implorer le ciel.
On reconnaît qu'il y a là-haut *quelqu'un* à ce moment solennel : c'est même alors une sorte de satisfaction ou plutôt une consolation de mettre sa confiance en lui ; lui seul, en effet, peut sans doute détourner de notre tête le fléau terrible dont il frappe
si cruellement un de nos semblables, peut-être
bien moins coupable que nous ne le fûmes.

La nourriture qu'il venait de prendre et quelques
gorgées de vin avaient rendu un peu de force au
pauvre ladre. Mais, hélas! ses douleurs n'en étaient
devenues que plus cuisantes. A ses hideuses contorsions, à quelques mots entrecoupés, on comprenait
qu'il endurait le même supplice que s'il eût été étendu
sur un brasier ardent. — O mes amis! s'écriait-il en
poussant des cris déchirants, puissiez-vous ne jamais
être condamnés à souffrir l'affreux tourment que
j'endure depuis déjà bien des années! Comme vous,

je fus jeune; comme vous, je cultivai le noble métier
des armes. Une faute d'un moment, une seule a
suffi pour me mettre dans l'état épouvantable où
vous me voyez. Fuyez la débauche! que mon triste
sort vous serve de leçon. Ah! c'est payer trop cher
un instant de plaisir. Soldoyers, que le terrible
exemple que vous avez devant les yeux ne s'efface
jamais de votre mémoire.

Et, en parlant ainsi, le malheureux se roule
comme un forcené sur la terre. Dans l'espèce de
rage qui le possède, des blasphèmes horribles s'é-
chappent avec une bave sanguinolente de sa poitrine haletante! On s'aperçoit qu'il est en proie à
des douleurs atroces; qu'une crise épouvantable
est survenue. L'infortuné!!! le peu de nourriture qu'il venait de prendre avait ravivé toutes ses
douleurs. Un peu de vie était descendue dans
ses veines, et lui faisait ressentir encore plus vivement les terribles atteintes du mal affreux qui le
conduisait lentement au tombeau. Car la douleur
est toujours en raison de la force du sujet; et c'est
souvent faire beaucoup plus pour le malade, de le
rendre moins impressionnable, que de vouloir guérir, par une médication aveugle et souvent impru-
dente, la maladie ou plutôt l'effort salutaire de la
nature.

A cet épouvantable spectacle, les soldoyers émus
de compassion s'écrient de nouveau que ce serait
rendre un grand service à ce malheureux de l'occir.
Oui, se disaient-ils l'un à l'autre, on ne ferait pas
mal de lui bouter un bon coup d'arquebuse. — Il

serait débarrassé de bien des maux. — Après avoir tant souffert ici-bas, il aurait sans doute merci là-haut, ajoutait un troisième qui, sans plus de façon, apprêtait déjà son arquebuse.

Mais Jeanne s'est aperçue du mouvement du soldoyer compatissant. — Arrêtez! s'écrie-t-elle, arrêtez! et respectez la justice de Dieu.

— Ah! Jeanne, avez peut-être raison; mais las! le malheureux n'a-t-il donc pas assez souffert?

— Il ne nous appartient pas d'en décider; et puis, Dieu veut peut-être que le ladre *guérisse* un jour.

— A la bonne heure, car sans cela je soutiens, foi de soldoyer! qu'il vaudrait mieux pour lui qu'il fût *navré*, tout de suite, d'un bon coup d'arquebuse.

— Les desseins de Dieu sont impénétrables, répond l'héroïne; c'est à nous de les adorer en silence, c'est à nous de nous y soumettre sans murmurer.

— Amen! s'écrient en se signant les soldoyers; mais, en attendant, le ladre nous fait moult de peine à voir ainsi souffrir.

Et, en devisant de la sorte, l'armée avançait toujours, et bientôt on ne vit plus le ladre, resté seul avec son chien, son fidèle compagnon; le seul ami qui lui restât, qui ne l'eût pas abandonné.

CHAPITRE III.

Cependant après avoir traversé successivement Hervi-le-Chastel, Saint-Mars et quelques autres petits bourgs de peu d'importance, l'armée venait d'arriver devant Troyes, «devant cette cité rebelle, » où, huit jours auparavant, on avait, dans d'horri- » bles conciliabules, juré l'exclusion à tout jamais de » Charles de Valois. » Toutefois, sans tenir aucun compte de ces démonstrations de la plus vile démagogie, des hérauts d'armes avaient sommé les habitants *de faire obéissance au souverain légitime.* «Dont ceux-ci ne voulurent rien faire, mais au » contraire fermèrent leurs portes. Puis, par une ri- » dicule bravade, sortirent peu après quelque » six cents hommes, presque tous Anglais et Bour- » guignons, qui s'en vinrent tomber à l'improviste » sur les François; d'où s'ensuivit dure et aspre es- » carmouche. » Mais Jeanne et ses preux étaient là, qui eurent bientôt raison de tant d'insolence, et refoulèrent ces misérables, *tout meurtris et déconfits,* dans les murs de la cité rebelle.

Toutefois, comme on n'avait que peu ou point d'artillerie, on ne put qu'investir la ville; mais celle-ci, bien approvisionnée, se riait de l'armée française, qui manquait de tout. De sorte que cette espèce de *blocus* était au moins illusoire, si même il n'était ridicule. Aussi plusieurs jours s'étaient-ils déjà écoulés sans que les assiégés fissent le moins du monde mine de vouloir se rendre. On se doute bien que parler de capitulation à ces gens-là, c'était parler à des sourds.

Le découragement commençait à s'emparer des troupes, quand on découvrit, fort heureusement, à quelque distance de la ville, de vastes champs de fèves. C'était une frugale nourriture sans doute; toutefois cette espèce de manne miraculeuse vint, fort à propos, pour empêcher les soldats de mourir de faim. Comme on mettait alors du merveilleux partout, le bruit se répandit que certain frère Richard, dont les sermons avaient fait grande sensation à Troyes, avait souvent répété aux habitants de cette ville : « Semez, bonnes gens, semez foison » febves; car celui qui doit les récolter viendra *en* » *bref.* » D'aucuns disaient à la vérité que le prédicateur, en parlant ainsi, ne pensait point du tout à la venue du roi. C'est fort possible, c'est même très probable.

Quoi qu'il en soit, la récolte des fèves fut faite, et, peu de jours après, les plus sérieuses inquiétudes recommencèrent. Bientôt l'armée fut aux abois. Il était donc urgent de prendre un parti décisif, et ce, dans le plus bref délai. Toujours est-il que le roi assembla son conseil, c'était la ressource ordinaire, et qu'on mit sur le tapis la question de savoir si l'on continuerait le siège de la ville , ou si l'on irait de l'avant.

Or, en ce temps-là , le clergé se mêlait non seulement de ses affaires , mais encore, et peut-être un peu plus , de celles des autres. Il n'était pas rare de voir évêques, cardinaux, abbés dans le conseil des princes, et même jusque sur les champs de bataille. On sera donc peu surpris, quand on saura que le roi chargea Regnault de Chartres, archevêque de Reims et chancelier de France, de préférence à un vieux guerrier, d'exposer aux principaux chefs de l'armée tous les dangers de la situation.

On se doute bien que celui-ci, qu'on a vu plus haut fort mal disposé pour le voyage de Reims, ne manqua pas de *bonnes raisons* pour montrer, *au doigt et à l'œil,* qu'on était dans une fort mauvaise passe; sans vivres, sans munitions de guerre , sans artillerie, sans places fortes pour s'appuyer ; le pis de tout, sans argent, et ce , pour prendre une ville très forte , bien défendue par une nombreuse garnison, et abondamment fournie de vivres.

Le seigneur archevêque, il faut en convenir, n'avait jamais eu plus beau texte pour développer son éloquence. Aussi parla-t-il, sur la matière, plus doctement qu'on ne devait s'y attendre de la part d'un homme de sa robe. Le roi prit ensuite la parole, pour lui ordonner de recueillir les voix , ce que celui-ci fit, en recommandant à chacun de parler loyalement , catégoriquement et en bon et fidèle sujet.

Comme on pouvait le prévoir, les avis furent partagés : *tot capita quot sensus*. Toutefois, il faut bien le dire, le plus grand nombre opinait pour qu'on retournât sur ses pas; quelques uns seulement avaient émis le seul avis digne d'un Français : *aller de l'avant*.

La discussion commençait à prendre une assez mauvaise tournure, par le ton aigre de quelques membres, lorsqu'un guerrier non moins vénérable par son âge que par ses longs et loyaux services, son expérience, son dévouement à toute épreuve, se leva et, de cet air modeste où se peint la sagesse et la persuasion, s'écria : « Qu'il lui semblait qu'on » dût prendre l'avis de Jeanne, puisque c'était elle » qui avait conseillé cette entreprise, et que, sans » doute, *elle y baillerait bon moyen !*

Et chacun de garder le silence, à ce peu de paroles, toutes pleines de bon sens, que venait de prononcer Robert Le Masson, sire de Trèves, ancien chancelier de France, *et homme de grand conseil.*

C'était lui, en effet, qui venait de faire entendre la voix de la raison, qui venait de stigmatiser, en quelques mots, l'inexplicable oubli que l'on faisait de Jeanne, de la jeune inspirée dont les promesses n'avaient jamais failli. Et pourtant elle n'avait pas été convoquée au conseil du monarque.

Après un moment de silence, le vieux guerrier reprit encore :

« Quand le roy est parti, quand il a entrepris ce » *veage*, il n'était pas mieux fourni en hommes, en » munitions, en artillerie, en argent, qu'il l'est à

principaux habitants, et mis un gouverneur dévoué dans la ville, le roi prit le chemin de Reims, où la renommée l'avait déjà devancé. Toutefois, il n'était pas sans craindre que cette ville ne lui opposât quelque résistance; ce qui eût jeté l'armée dans un grand embarras, car on manquait d'artillerie et de tous les *engins* employés alors dans les siéges. Toujours est-il que Charles confia ses inquiétudes à celle qui ne l'avait jamais trompé, à la jeune héroïne qui, chaque jour, lui aidait à remonter les marches du trône. Mais celle-ci, dont le courage semblait croître en raison du danger, répondit avec une noble assurance : — « N'ayez » aucun doute, sire, les habitants de la ville de » Reims viendront au-devant de vous; oui, même » avant votre arrivée, ils se rendront à votre obéis- » sance. Avancez donc hardiment, surtout agissez » avec vigueur, et sur ma foi! vous récupérerez » votre beau royaume de France. »

Et le monarque, malgré ces prophétiques paroles, d'hésiter encore, habitué qu'il était de croire plutôt à sa mauvaise qu'à sa bonne fortune.

Cependant l'armée, après avoir traversé Beaumont, venait d'arriver aux environs de Sept-Saulx, noble manoir faisant partie du domaine de l'archevêque de Reims. Le roi s'y logea; le bruit s'en répandit bientôt dans la ville, et mit en émoi tous les habitants, qui avaient pour gouverneurs les sires

(Jean Morel), lui fit cadeau d'un habillement de couleur rouge, qu'elle avait porté.

de Châtillon et de Saveuse (1). Le premier représen-
tait le roi d'Angleterre ; le second, le duc de Bourgogne.

Quoi qu'il en soit, prévoyant bien qu'ils ne seraient pas les plus forts contre une armée victorieuse, conduite par Jeanne, que partout on renom-
mait l'*invincible*, ceux-ci partageaient l'effroi des
habitants. Dans l'embarras où se trouvaient ces
deux chefs, ils imaginèrent d'assembler les principaux de la cité pour les consulter sur le parti le
meilleur à prendre dans les circonstances présentes.
Quand un gouverneur en est réduit là, son rôle
est bien petit, ou plutôt c'est un traître ou un
lâche.

Poussant l'astuce ou pour mieux dire l'ignorance
jusqu'au bout, ces deux *vaillants* guerriers, qui
vraisemblablement espéraient qu'on leur donnerait
le conseil de fuir, « demandèrent *bravement* aux ha-
» bitants s'ils avaient bonne volonté de tenir et de
» se défendre. — Etes-vous assez forts (il fallait dire
» assez courageux) pour nous aider et nous soute-
» nir? s'écrièrent ceux-ci. — Non ! répondirent sans
» rougir les *intrépides* champions ; mais, si vous
» voulez tenir seulement quelques semaines, nous
» irons quérir des renforts. — Ah ! de par Dieu ! vous
» pouvez dès aujourd'hui partir, firent ironiquement
» les Rémois, nous n'avons pas besoin de gens qui

(1) Nom autrefois odieux à nos rois (Langlois Dufrénoy,
page 57.) Cette famille, originaire de Picardie, et qui portait de
gueules à la bande d'or, accompagnée de 6 billettes de même,
3 et 3, remonte à Philibert de Saveuse, qui vivait en 1310.

» ne veulent pas se battre ; oui, nous saurons bien
» conduire nos affaires sans vous. Allez, allez,
» beaux seigneurs, allez et videz promptement de
» céans. »

« Et, dit une chronique, tout aussitôt s'en par-
» tirent les sires de Châtillon et de Saveuse (1). »

Dans les circonstances difficiles, c'est faire un
pas immense de se débarrasser des *sots et des méchants*. On l'éprouva ce jour-là. Châtillon et Saveuse
n'eurent pas plus tôt tourné honteusement et lâchement le dos, que le *bon vouloir* des Rémois pour
le souverain légitime se manifesta. « Et, dit un vieil
» historien, les deux fuyards n'étaient encore guère
» loin, que les habitants tinrent conseil, et commen-
» cèrent à dire qu'il fallait aller au-devant du roi, et
» pour ce choisir les plus notables gens de la ville,
» *tant d'église que de robe et d'épée.* »

. . . .

. . . .

Le même jour, Regnault de Chartres, chancelier
de France, fit, en qualité d'archevêque de Reims,
son entrée dans la cité : c'était, pour le dire en
passant, la première fois que ce *bon prélat* visitait
son troupeau. Mais le danger était passé, et, comme
tant d'autres, le seigneur archevêque savait fort
bien profiter des circonstances, et s'orienter avec
une admirable dextérité sur le vent, même après
avoir voulu lutter contre lui. En effet, on n'a pas
oublié que Regnault avait toujours été très opposé,

(1) Monstrelet raconte la chose un peu différemment ; mais il
faut se défier de cet historien qui était du parti bourguignon.

non seulement aux nobles inspirations de Jeanne,
mais encore à l'expédition de Reims.

Quoi qu'il en soit, ledit seigneur archevêque
n'eut pas besoin de se mettre en frais d'éloquence
pour tourner les Rémois à la cause du roi; il n'aurait même pas osé toucher cette corde-là. Et, en
effet, ceux-ci ne pouvaient ignorer que ce n'était
pas à son instigation que Charles allait enfin recevoir l'onction sainte dans l'antique basilique, où
vingt rois, ses prédécesseurs, l'avaient devancé.

CHAPITRE V.

— Faites-moi le plaisir de me dire, *si vous le savez*, ce qu'il restera un jour de tout cela ?... surtout de tant de belles promesses ?... — Allez le demander...

A l'aurore d'un nouveau règne, le peuple salue l'espérance bien plus encore que le prince.

Ayant été avertis par l'archevêque Regnault, de Chartres, que le soir même Charles, septième du nom, devait faire son entrée solennelle, les fidèles habitants de Reims s'étaient portés en foule au-devant du monarque, en faisant retentir les airs de mille cris de joie... L'enthousiasme était dans tous les cœurs : les rues, les places étaient jonchées de fleurs ; les édifices publics, comme les plus humbles maisons, étaient pavoisés de drapeaux, ornés de guirlandes, chargés de devises et d'emblèmes ingénieux, faisant allusion à l'auguste cérémonie du sacre ; le peuple, en un mot, avait revêtu ses habits de fête ; les femmes y avaient encore apporté plus de coquetterie qu'à l'ordinaire : car le Français ne met plus de bornes à son ivresse quand il faut fêter le souverain, surtout quand il le revoit après une longue absence. Toujours est-il qu'on pouvait dire avec vérité , en voyant cet enthousiasme, que c'était tout un peuple affamé du désir de voir son roi , et de se dédommager de tant de souffrances et de tant de d'infortune. Enfin, pour qu'il ne manquât rien à cette fête , un soleil resplendissant s'était chargé d'illuminer l'auguste cérémonie qui se préparait.

Ce qui piquait non moins vivement la curiosité de ce bon peuple, c'était de contempler l'héroïne qui ramenait le prince , objet de tous les vœux. La prompte renommée depuis longtemps avait publié tout ce dont la France était redevable à cet ange libérateur envoyé par le ciel. Les femmes , les femmes surtout se montraient encore plus sensibles que les hommes à la gloire de Jeanne , à cette gloire immortelle, impérissable , dont l'éclatant reflet rejaillissait en quelque sorte sur leur sexe... Aussi les naïves démonstrations de maintes nobles dames richement parées donnaient-elles à ce beau jour un éclat, une pompe, dont il serait impossible de se faire une idée.

Mais déjà quelques cavaliers, dont les coursiers haletants sont couverts d'écume et de poussière, sont arrivés aux portes de l'antique cité. Peu d'instants après, les sons perçants des trompettes, des clairons, se font entendre. Bientôt on voit étinceler aux derniers rayons de l'astre du jour le fer des lances, et flotter dans les airs l'antique bannière de France. Salut! noble oriflamme! vous qui fûtes toujours pour les Français le gage de la victoire! Salut! soyez la bien-venue. Là où vous êtes, là est aussi l'honneur; salut! pour la troisième fois, ô noble oriflamme! salut!!!

Tel était le cri de plus de cinquante mille Français à la vue de l'antique drapeau que portait avec fierté, quelques pas en avant du roi, un des premiers chevaliers de l'armée libératrice.

Vive le roi! se sont écriés les hérauts d'armes, revêtus des insignes de la monarchie.

Vive le roi! a répondu mille et mille fois la foule.

Et soudain apparaît à tous les regards le monarque français. Son visage serein, son air gracieux, inspirent la confiance, le respect et l'amour... Charles monte avec grâce un blanc coursier, à la crinière flottante, à l'œil étincelant, aux naseaux ouverts. Le fier animal bondit sous son noble fardeau. Le prince est armé de pied en cap; un casque aux plumes flottantes orne son front radieux; l'or, l'argent, l'acier de sa riche armure, reflètent les mille rayons de l'astre du jour; de ses royales mains il salue la foule; et parfois en voyant l'enthousiasme de ses fidèles sujets, en entendant les concerts de bénédiction qui s'élèvent autour de lui, une larme d'attendrissement s'échappe de ses yeux.

Non loin de Charles, à sa gauche et un peu en avant, paraît Jeanne, le casque en tête, la visière levée. La jeune héroïne monte aussi un blanc coursier, et déploie avec grâce sa bannière, qui fut tant de fois témoin de son courage et de ses exploits. A ses côtés se voient les valeureux guerriers de l'armée libératrice; le duc d'Alençon, les comtes de

Clermont et de Vendôme, les sires de Laval, de Beaumanoir, de Mailly, de Gaucourt, de La Trémouille, l'amiral de Culant, les maréchaux de Rayz et de Sainte-Sévère, Dunois, La Hire, Xaintrailles, et tant d'autres, fiers et heureux d'entourer leur roi (1).

Cependant les premiers magistrats de la cité s'avancent respectueusement, et, mettant le genou en terre, déposent aux pieds du monarque les clefs de la ville. Ce jour là, contre l'usage ordinaire, la harangue fut courte; l'émotion agitait trop fortement les cœurs pour qu'une éloquence factice et de mauvais aloi osât déployer son ridicule savoir faire. Seulement, à la vue de l'auguste cortége, à la vue de l'héroïne à qui la France était redevable de son salut, des larmes de joie brillaient dans tous les yeux. On ne pouvait se lasser de l'admirer, de contempler ses nobles traits, où se peignaient l'innocence, la candeur et le courage... « Et, dit une » chronique, là estoit Jehanne la Pucelle qui fut » moult regardée de tous. »

Vivement préoccupée de sa céleste mission, elle obtint que le sacre et le couronnement auraient lieu le lendemian même, 17 juillet (2). C'était

(1) Tous ces détails sont puisés en partie, sur les dessins d'une vieille tapisserie conservée dans le trésor de la cathédrale de Reims, et qui offrait la représentation de cette entrée. Cette tapisserie a été victime du vandalisme révolutionnaire.

(2) Villaret indique le 28, Monstrelet le 8, Langlet du Frénoy le 7 du même mois de juillet; Godefroy, tantôt le 18, tantôt le 28. Une médaille du sacre de Charles VII, donnée par de Bie, offre

bien peu de temps pour les préparatifs immenses que nécessitait cette auguste cérémonie. Mais le zèle des habitants et leur amour pour le roi y suppléèrent. « Et, dit une chronique, toute la nuit on » feit grande diligence à ce que tout fust prest au » matin, et on trouva presque miraculeusement en » la cité toutes les choses nécessaires. » Et bien qu'il y eût une couronne fort riche préparée de longue main, et qui venait à la suite du roi, il fut décidé, dans la crainte d'être obligé d'attendre trop long-temps, et surtout pour répondre à l'impatience des habitants et de la jeune inspirée, que l'on se servirait d'une autre couronne qui faisait partie du trésor de la cathédrale de Reims.

Cette décision enfantée par ce premier mouvement d'enthousiasme qui sait aplanir toutes les difficultés, exigeait qu'on remplît une autre formalité sanctionnée par l'usage de temps immémorial... Toujours est-il que le roi se rendit le soir à la sainte basilique, et là, se tenant en avant du chœur, les pairs le montrèrent à la foule, en prononçant à haute voix ces paroles traditionnelles : « Voyez ici » vostre roy que nous, pairs de France, devons cou- » ronner... S'il y a âme qui le veuille contredire, nous » sommes ici pour en faire droict. Mais si par vous » n'est contredit, au jour de demain il sera consacré

la légende : *Unctus. sacrat. ac salut. VII Julii. M. CCCC. XXIX.* A l'exergue : REMIS. Mais une lettre de Jeanne au duc de Bourgogne et les registres du Parlement de Paris fixent la date de ce sacre au 17 juillet, qui est la véritable (Voyez à ce sujet Berriat-Saint-Prix, *Jeanne d'Arc*, etc. p. 216.)

» par la grâce du Saint-Esprit... » Et soudain le cri mille fois répété de *Noël !* exclamé par le peuple, en signe d'adhésion, faisait retentir les voûtes de l'antique basilique.

L'auguste cérémonie du sacre allait encore recevoir un nouvel éclat. René, duc de Bar et de Lorraine, et le damoiseau de Commercy, venaient d'arriver. L'élite des chevaliers lorrains, grand nombre d'habitants des cités de Verdun, Nancy, Bar-le-Duc, et une suite brillante d'hommes d'armes, les accompagnaient... Ces princes, mus par un sentiment de haute politique, venaient bien moins pour être témoins du couronnement du monarque français, que pour lui offrir leurs services. Ne sait-on pas que dans les cours il est d'usage de se tourner toujours vers le soleil levant ! Or, depuis quelque temps, tout semblait sourire à Charles, et sa devise était bien : *Pluribus nec impar.*

Jeanne, qui ne perdait pas de vue le grand objet de la réconciliation générale, adressa ce soir-là, avec l'agrément du roi, une lettre au duc de Bourgogne *à celle fin* de faire la paix avec la France (1).

Cependant l'aurore du jour tant désiré, de ce

(1) Par un heureux hasard, l'original de cette lettre a été découvert dans les archives de la Chambre des comptes de Lille. Cette précieuse lettre a environ un demi-pied de haut sur un pied de large. Elle est écrite sur vélin. Des bandes aussi de vélin servaient à la fermer, et le cachet de cire rouge, dont on aperçoit les traces, s'appliquait sur celle-ci. Cette lettre n'est point de la main de Jeanne, puisqu'il est constant qu'elle ne savait pas écrire; mais la croix tracée en tête doit l'avoir été par elle (Cette croix est peut-être la seule relique qui reste de la sainte héroïne.)

beau jour après lequel la jeune héroïne soupire depuis longtemps, vient enfin de luire... Et soudain
l'airain a grondé de ses mille tonnerres, et soudain
le bronze de tous les moûtiers a retenti dans les airs,
et soudain mille et mille fanfares ont de leurs sons
argentins porté un doux émoi dans la noble cité.
L'écho a répété les éclats prolongés de ces signaux
de fête, et la vieille basilique elle-même a tressailli
d'une sainte joie.

Oh! qu'elle était belle et radieuse, ce jour-là!
comme elle avait revêtu ses habits de fête pour
recevoir son roi! comme ses innombrables colonnes
s'élançaient fièrement vers le ciel! comme ses vieux
arceaux se dessinaient avec grâce! comme les mille
rosaces de ses verrières aux mille couleurs étince-
laient! comme toute cette peinture de pierre et de
marbre, admirable reflet du livre par excellence,
du livre le plus beau des livres, de cette Bible enfin,
annales mystérieuses de la création, semblait ani-
mée d'une nouvelle vie!...Oui, vous auriez vraiment
juré, en contemplant ces belles images taillées dans
le marbre, qu'elles tressaillaient de joie à la vue de
l'auguste cérémonie qui se préparait. Et tous ces
saints à longues barbes, comme ils semblaient redoubler de ferveur en adressant leurs humbles
prières au ciel! Et toutes ces saintes au svelte cor-
sage, comme elles soulevaient doucement leur voile
pour contempler d'un œil curieux toutes ces royales
merveilles. Il n'y avait pas jusqu'aux guirlandes et
jusqu'aux feuilles finement découpées des chapi-
teaux qui ne parussent s'agiter mollement au

souffle des zéphyrs, et exhaler de leurs corolles épanouies les plus suaves parfums. Que vous dirai-je enfin! au sein de cette foule qui encombrait la vaste nef, et qui était tellement compacte qu'un fuseau lancé du faîte des voûtes de la sainte basilique n'aurait pu tomber sur les larges dalles, l'enthousiasme était si grand qu'il semblait s'être communiqué, par un pouvoir surnaturel, au marbre, à la pierre, à toute la masse, en un mot, du vieil édifice. Et par intervalle, l'airain grondait de ses mille tonnerres, et le bronze de tous les moûtiers retentissait dans les airs, et les sons perçants des clairons, des trompettes et de tous ces instruments de guerre, qui n'étaient plus en ce jour que l'interprète de la joie, portaient dans tous les cœurs un doux émoi...

A ce signal, les flots pressés d'un peuple immense assiègent toutes les issues du temple. Mais des milliers de guerriers, dont les armures brillantes étincellent aux premiers feux du jour, en gardent les abords, et plus d'un soldoyer est forcé de faire usage du bois de sa hallebarde pour repousser cette foule qui menace de tout envahir. Car, en ce jour, la maison du Seigneur ne sera ouverte qu'à un bien petit nombre d'élus privilégiés; ce dont enragent grand nombre de citains, et surtout leurs femmes et leurs filles, qui se désespèrent de ne rien voir, et peut-être plus encore de ne pouvoir se faire voir à tous ces *biaux* chevaliers si courtois, si avenants.

Mais quant à vous, grands de la terre, puissants

du siècle, nobles preux, chevaliers sans peur et sans reproche, vaillants guerriers, entrez, entrez dans le temple du Très-Haut. Vous êtes conviés à la plus auguste cérémonie de la monarchie. Dieu, Dieu lui-même va vous désigner l'élu de son choix, pour que vous ayez à l'élever sur l'antique pavois. Entrez, vous dis-je, entrez; il faut que l'épée des braves sanctionne les décrets immuables de l'Eternel.

Quel imposant spectacle!!! Le sanctuaire, semblable à une immense auréole de gloire, étincelle de mille feux. Des pontifes vêtus de pourpre et de soie, couverts d'or et de pierres précieuses, inondent le Saint des Saints. Des lévites aux tuniques d'un lin plus blanc que la neige les entourent. Ces jeunes acolytes sont comme voilés par les nuages d'encens qui s'échappent des cassolettes d'argent que leurs agiles mains balancent dans les airs. Ne vous semble-t-il pas, quand vous portez vos pas au sein de ces vieilles basiliques, et que vous respirez ces suaves parfums enfants de l'Arabie, ne vous semble-t-il pas alors retrouver comme un souvenir des prières des temps passés? Écoutez ces sons puissants et mélodieux, qui ondulent comme les roulements lointains de la foudre, cette grande et majestueuse voix de l'orgue, gémissant mystérieusement dans des tuyaux de quelque cent pieds d'élévation. Ces divins accords, ces savantes *inspirations* (1) du génie, sont la seule harmonie digne

(1) L'*improvisation* sur l'orgue est vraiment une *inspiration;* et si l'artiste a une foi vive, *s'il croit*, son *improvisation* dira ce que son cœur éprouve, et alors ses accords seront vraiment *divins* et dignes de Jéhovah et de son temple.

du grand *Être* qui demeure *là-haut;* toute autre *mélodie* est une profanation... Écoutez ces voix graves et retentissantes qui se marient si harmonieusement au céleste instrument. Oyez encore ces voix pures et limpides, comme le cristal des eaux, de ces petits enfants, les *chéris* de Jésus (1) ; leur innocence n'est-elle pas digne de chanter les louanges de Jéhovah? Ces timides accents ne sont-ils pas l'écho de cette *mélopée* des chérubins et des séraphins au pied du trône de l'Éternel?

Et si maintenant vos regards s'abaissent sur les mille et mille tombes des saints parvis de cette vaste nef, ne vous semble-t-il pas, ô vous, l'élite de la France, ne vous semble-t-il pas, à la vue de ces antiques mausolées, dont les *figures* prient avec tant de recueillement, à la vue de ces vieux chevaliers bardés de fer et de leurs nobles dames toutes couvertes d'hermine, ne vous semble-t-il pas, dis-je, que les générations des temps passés, que tous vos aïeux se sont donné rendez-vous, pour venir saluer l'oint du Seigneur? Oui, l'oint du Seigneur... Il va bientôt paraître au milieu de vous; il veut recevoir sa couronne de l'Éternel lui-même (2).

Entrez donc, ô grands de la terre, puissants du siècle, preux chevaliers sans peur et sans reproche; vaillants guerriers, entrez dans la *sainte basilique;*

______

(1) *Sinite parvulos ad me venire.*

(2) Remarquez bien, je vous prie, lecteur, remarquez bien que ceci est de l'Ancien-Testament.

le fils de saint Louis vous attend; il veut que vous soyez témoins de son triomphe.

— Venez, mes pairs; venez, mes preux, s'est-il écrié dans un noble enthousiasme, venez élever votre *chef* sur l'antique pavois; venez montrer à ses Francs, à ses Francs valeureux, l'élu de votre choix; venez entourer son trône, venez refléter l'éclat de sa couronne; soyez à jamais son plus ferme appui; pressez-vous en foule autour de lui; montrez-le avec orgueil à toutes les nations de la terre... Oui, venez; venez, mes pairs; venez, mes preux; votre roi vous convie à son plus beau triomphe. L'huile sainte va couler sur son noble front, et l'auguste diadème va ceindre son chef radieux... Ainsi le veut l'Éternel, ainsi l'ordonne *celui* de qui relèvent tous les empires.

Dixit Dominus Domino meo : sede a dextris meis.

Et à ces fiers accents du successeur du roi sicambre, soudain dans le chœur et sous les nefs retentissantes, ont pris place l'élite des guerriers et les premiers magistrats... Ici, tout à l'entour du trône, on voit les pairs et les princes du sang, puis les prélats, les barons, les chevaliers et tous les preux qui ont accompagné le monarque dans *ce saint véage*. Debout auprès de l'autel, et tenant à la main son glorieux étendard, Jeanne, la belle Jeanne, armée de toutes pièces, attire sur elle tous les regards; ses yeux tournés vers le ciel semblent le remercier, et implorer pour le prince qui va ceindre la couronne des jours prospères, un règne fortuné.

Suivant un antique usage, quatre seigneurs, pairs

et barons de l'archevêque de Reims, avaient le privilége d'aller querir à l'abbaye de Saint-Rémy le vase
sacré renfermant l'onction sainte... Ces seigneurs
prenaient le titre de chevaliers de la sainte ampoule, et possédaient, comme relevant de ladite
abbaye, les fiefs ou baronies de Terrier, de Souas-
tre, de Ballestre et de Neuvisy. Cette haute mission
ayant été confiée aux maréchaux de Rayz, de Sainte-
Sévère, au sire de Graville, grand maître des arbalétriers, et à l'amiral de Culant, ces seigneurs, bien
accompagnés et bannières déployées, se rendirent
à l'abbaye de Saint-Rémy. Là, ils firent, entre les
mains de l'abbé et en présence de ses religieux, le
serment de ne point perdre de vue la sainte ampoule, de veiller avec le plus grand soin à sa conser-
vation, et de la rapporter fidèlement... Toujours
est-il qu'après cette formalité, l'abbé revêtu de ses
ornements pontificaux et entouré de tous ses religieux, se mit en marche sous un poêle magnifique.
Le vase mystérieux, objet de la vénération des
fidèles, brillait entre ses mains, *qui bien dévotement
le portaient*, et le peuple avide de contempler cette
précieuse relique que l'on croyait descendue du ciel,
ce chrème sacré que tant de traditions merveilleuses
environnaient; le peuple, muet de respect, suivait
moult religieusement le cortége (1).

(1) Cette fiole a été brisée en 1794. Vertot, dans les *Mémoires
de l'Académie des inscriptions*, t. XX, p. 669, a traité très habilement le point historique de la *sainte ampoule*. Pluche, dans
une *lettre* sur cet objet (Paris, 1775), tout en avouant la pieuse
fiction de l'origine de ce vase, observe que la célébrité de cette re-

Cependant l'archevêque, revêtu de tous les attributs de son éminente dignité, et entouré de ses vénérables frères, les chanoines de céans, venait de sortir de la basilique pour aller au-devant de la sainte ampoule. Parvenu devant le portail de l'église de Saint-Remy, où l'abbé l'attendait avec son cortége, le prélat reçut le précieux dépôt, le porta processionnellement dans l'église cathédrale, et le déposa avec grand respect sur le maître autel ; tandis que les quatre seigneurs, armés de toutes pièces et bannières déployées, l'accompagnaient toujours à cheval, et seulement à l'entrée du chœur, mirent pied à terre ; encore tinrent-ils, selon l'antique usage, leurs chevaux par la bride, et de la main droite leur épée nue, tout le temps que dura la cérémonie.

Le roi d'armes de France appela alors à haute voix, par leur nom, titres et qualités, les six pairs laïques et les six pairs ecclésiastiques, à savoir : les ducs de Bourgogne, de Normandie et d'Aquitaine ; les comtes de Flandres, de Toulouse et de Champagne ; cette

lique est plus ancienne que Hincmar, nommé évêque de Reims en 845. Il présume, avec quelque vraisemblance, que cette fiole aura été trouvée dans le tombeau de saint Rémy. D'après sa forme, on peut la supposer plus ancienne encore ; en effet, elle ressemblait à ces vases que l'on découvre fréquemment dans les tombeaux et auxquels on a donné le nom de *lacrymatoires*, mais qui paraissent plutôt avoir servi à contenir les baumes destinés à arroser les cendres des morts. Quoi qu'il en soit, la pieuse fiction de cette fiole, apportée du ciel par une blanche Colombe, n'a été inventée que 360 ans après le sacre de Clovis, par Hincmar, évêque de Reims.

formalité rappelait à la nation les antiques éléments de la monarchie, et maintenait le droit de souveraineté des rois de France sur les rois d'Angleterre, alors grands vassaux de la couronne.

Les six pairs laïques n'ayant point répondu, les seigneurs choisis pour les remplacer s'avancèrent ; c'étaient :

Le duc d'Alençon, les comtes de Clermont et de Vendôme, le sire de La Trémouille, le sire de Laval, et le sire de Gaucourt.

Les six pairs ecclésiastiques furent représentés par l'archevêque de Reims, les évêques de Châlons, d'Orléans, de Séez, et deux autres prélats dont l'histoire ne dit pas le nom.

Alors, et seulement alors, le roi parut... *habillé comme il appartenait*, et précédé de ses officiers ; tout d'abord il alla se prosterner devant le maître autel... Après quelques instants d'adoration, pendant lesquels les clairons, les trompettes, firent retentir de leurs bruyants éclats les voûtes du Temple, l'archevêque, à la tête de son clergé, s'approcha respectueusement du prince, et lui adressa à haute et intelligible voix les paroles suivantes, consacrées par un antique usage :

« Nous te requérons de nous octroyer à nous et » aux églises à nous commises, le privilége canoni- » que, loy et justice due, et de nous garder et def- » fendre comme roi est tenu en son royaulme à » chascun évêque et à l'église à luy commise. »

A quoi le monarque répondit :

« Moi, Charles, par la grâce de Dieu, sur le point

» d'estre ordonné roy de France, promets au jour
» de mon sacre, devant Dieu et les Saints, que je
» conserverai le privilége canonique, loy et justice
» à chascun de vous, prelats, et vous deffendray,
» Dieu aydant, comme ung roy doibt deffendre en
» son royaulme chascun évesque et l'église à luy
» commise. »

Puis après un moment de silence, le monarque
ajouta ces paroles mémorables :

« Je promets, au nom de J.-C., au peuple chré-
» tien à moy subject : premièrement, que je le gar-
» deray à l'église, et, en tous temps, lui conserveray
» la vraye paix, par vostre advis... Item, que le
» deffendray de toutes rapines et iniquités... Item,
» que en tout jugement, je commanderay équité et
» miséricorde, afin que Dieu clément et miséricor-
» dieux m'octroye et à vous sa miséricorde... Item,
» que de bonne foy je travailleray à mon povoir
» mectre hors de ma terre tous les hérétiques...
» Toutes choses dessus dictes je jure d'observer en
» tout poinct... (1) »

Des serments solennels venaient d'être prononcés en face des autels par le monarque français. Son peuple lui devait, en retour, de l'élever, suivant l'antique usage de nos pères, sur le pavois guerrier, cérémonie imposante, inauguration toute pacifique, qui mettait le sceau aux promesses du prince, et

(1) Nous avons cru devoir rapporter textuellement ces serments devenus si célèbres, dans ces derniers temps, par la fausse interprétation qu'en donnèrent, à un infortuné monarque, des ministres présomptueux... *Et nunc reges intelligite.*

n'obligeait pas moins ses sujets envers lui, que lui envers ses sujets. Aussi à peine eut-il prononcé ces serments, que ses pairs soulevèrent le trône sur lequel il était assis, tandis que d'autres pairs soutenaient la couronne sur son chef auguste.

En ce moment, Jeanne, qui se tenait à peu de distance du roi, agita vivement sa bannière, et, transportée d'un saint enthousiasme, en fit flotter les nobles couleurs sur l'assemblée. A ce signal, la foule des spectateurs qui remplissait les vastes nefs répondit par mille et mille cris de jubilation.

Mais la sanction divine, sans laquelle il n'est rien de stable ici-bas, manquait encore au prince français. Il le sait, le fils aîné de l'Église, il sait qu'il tient sa couronne de celui qui règne là-haut, de celui *de qui relèvent tous les empires*.

S'agenouillant alors *moult dévotement* aux pieds du vénérable prélat, soudain celui-ci fait couler l'huile sainte sur le front du fils de saint Louis, lui passe l'anneau au doigt, lui remet le sceptre et la main de justice; enfin saisissant la couronne déposée sur l'autel, il la fait briller sur le front auguste du monarque, en s'écriant à haute voix : Charles septième du nom, par la grâce de Dieu, vous êtes roi. Alors tous les pairs, en signe de vasselage, la touchèrent respectueusement; et, dans le même instant, des milliers d'oiseaux rendus à la liberté, s'élancèrent dans la vaste enceinte de la sainte basilique (1), et une blanche colombe, qui semblait

(1) Lors du couronnement de chaque roi, la confrérie des oise-

essorer d'une haute tribune voilée, vint s'abattre aux pieds du roi... Etait-ce l'olivier de la paix qu'elle apportait de la part d'une épouse délaissée? ou bien était-ce un nouveau gage d'amour?... nul ne le pourrait dire... seulement une larme furtive sembla s'échapper des yeux du monarque.

Charles alors se relève avec cette dignité qui convient à l'oint du Seigneur, et jette ses regards empreints de majesté sur son peuple, sur ses sujets, sur ceux que le ciel vient de lui confier. C'est un père qui va désormais, de ses mains protectrices, défendre le faible et l'opprimé, et, s'il en est besoin, frapper le coupable et l'impie.

Et, dit une chronique, cela se fit « *en présence* » *des princes et des prélats, et de toute la baronie,* » *et de toute la chevalerie qui là estoient,* » et de la noble Jeanne;

Et sous tes voûtes sacrées, antique basilique! toi qui fus témoin tant de fois de la gloire de la France, toi qui vis tant de fois dans ton sein ce qu'elle avait de plus auguste, de plus vénérable... Reçois mes derniers adieux. Oui, c'en est fait de tes mystérieuses

leurs était tenue de fournir 400 oiseaux qu'on lâchait dans l'église au moment du sacre. Quelle est l'origine de cette coutume antique? Était-ce un emblème qui promettait aux sujets la *liberté,* comme on la donnait aux oiseaux? ou plutôt cela signifiait-il que les promesses que l'on faisait s'envoleraient sans laisser plus de traces que n'en laisseraient dans l'air ces prisonniers ailés! Cela est vraisemblable. Il y a si longtemps que l'on a reconnu *la vanité* des serments! Aussi serions-nous bien tenté de nous écrier avec une auguste princesse : *Pas de serments!!! Plus de serments!!!* Mais, en place, *honneur* et *fidélité!* dans le cœur et les actions.

splendeurs, c'en est fait de tes nobles souvenirs. En vain tes murs couverts d'inscriptions, de légendes, d'emblèmes racontant les temps passés; en vain, du faîte de tes nefs immenses, une voix inconnue prophétise l'avenir; semblables aux hiéroglyphes de l'antique Égypte, personne aujourd'hui ne comprend plus tes légendes, tes inscriptions, tes emblèmes, et nul mortel ne saurait expliquer le sens de cette voix mystérieuse qui plane dans ton sanctuaire... elle est et demeure une énigme pour les hommes de notre époque.

Cependant une scène non moins sublime que celle où nous venons d'assister, se préparait... Au milieu de son triomphe, l'héroïne qui a sauvé et la France et son roi, conserve l'humilité, la naïve candeur de Jeanne la bergère. Elle va descendre jusqu'aux supplications pour obtenir de retourner aux humbles travaux des champs..., « Gentil roy, s'écrie-t-elle en » plorant à chauldes larmes et en se précipitant aux » genoux du monarque, gentil roy, ores (mainte- » nant) est exécuté le plaisir de Dieu, qui voulait » que je fisse lever le siége d'Orléans, et que je vous » amenasse en ceste cité de Reims recevoir votre » saint sacre, en monstrant que vous estes vray roy » et cellui auquel le royaulme de France doibt apar- » tenir. Doncque vous supplie, puisque ainsi est faict » et accompli, que trouviez agréable que Jeanne » retourne ès son village et revoye ses père et mère. » (*Chronique.*).

Et, en prononçant ces mots, la jeune guerrière tenait toujours embrassés les genoux du prince « et,

» dit un vieil historien, moult faisoit grand' pitié à
» tous ceux qui la regardoient. »

Mais le monarque français ne voudra point laisser
aller Jeanne... Jamais il ne consentira à se priver
d'un tel appui... Il a compris ce que vaut, pour le
soutien du trône, l'épée de l'héroïne, et plus encore
ce que sa présence peut assurer de succès à la cause
de la monarchie.

« — Non, s'écrie-t-il ému jusqu'aux larmes, non,
» point ne partirez ; j'ai besoin de vous. Ce que
» vous avez fait me dit ce que vous ferez encore.
» Restez, restez, c'est mon vouloir et mon bon
» plaisir !... »

Et Charles a relevé de ses royales mains la jeune
bergère.

Mais celle-ci insiste : — La mission que le ciel
m'avait confiée n'est-elle pas accomplie? s'écrie-t-
elle. Que puis-je faire de plus? De moi-même je ne
suis rien. De grâce, sire, laissez-moi partir, laissez-
moi me retirer sous le chaume de mes pères ; leur
vieillesse a besoin de moi.

— Non, non, vous resterez, noble héroïne : pour-
rions-nous maintenant nous passer de vous ?

— Ah! sire, vous voulez donc que la pauvre
Jeanne aille contre les volontés du ciel?

— Le ciel veut que nous vous conservions pour
le salut de la France. Oui, nous serions coupable
de ne pas garder près de notre royale personne celle
que le Très-Haut nous a envoyée dans sa miséricorde. Jeanne, vous demeurerez, nous le voulons.

— Sire! puisque telle est votre volonté, Jeanne

doit se soumettre. Mais las ! c'est peut-être sa vie
dont elle fait le sacrifice.

Et, en prononçant ces paroles, la pauvre jeune
fille cache dans ses mains son visage baigné de
pleurs et fait entendre des gémissements doulou-
reux. Mais le roi, qui ne peut comprendre ces
sinistres pressentiments, s'écrie avec bonté : —
Gente Pucelle, vous n'avez rien à craindre, nous
vous prenons sous notre protection.

— Que la volonté de Dieu soit faite, répond la
pieuse bergère en levant les yeux au ciel.

— Oui, Jeanne, sa volonté, croyez-le bien, est que
vous restiez pour servir notre royale personne.

Quoi qu'il en soit, et sans vouloir interpréter les
mystérieux décrets de la providence, le spectacle de
cette jeune fille, qui, au milieu de son triomphe, supplie qu'on lui permette de retourner sous le chaume
de ses pères, est peut-être le spectacle le plus extraordinaire, si toutefois il n'est pas le plus sublime de
tous ceux que l'histoire ait jamais offerts à l'admiration des mortels. Mais, encore une fois, l'héroïne
envoyée par le ciel garde, au sein des lauriers im-
périssables qu'elle vient de moissonner, la candeur
de Jeanne la bergère, de Jeanne l'humble fille des
champs. Mystérieux enseignement qui prouverait,
s'il en était besoin, sa céleste mission.

Oui, Jeanne est inspirée ; oui, c'est du ciel qu'elle
tient sa mission ; et, en suppliant qu'on la rende
aux humbles travaux des champs, aux tranquilles
occupations de son jeune âge, elle ne fait que *ra-
conter* ses saintes inspirations, ou plutôt elle pro-

phétise, l'infortunée! elle prophétise ce que le destin lui réserve d'amertume, d'angoisses, de douleurs.

Demeure donc, pure et chaste héroïne, demeure, ton roi le veut. Et puis, s'il en était autrement, ton triomphe ne serait pas complet. Tu viens de cueillir les lauriers de la victoire; il faut y joindre les palmes du martyre.

Cependant il était d'usage que l'auguste cérémonie du sacre se terminât par une cérémonie non moins auguste. Les guerriers les plus illustres par leur noble race, les plus célèbres par leurs prouesses, étaient armés chevaliers : ainsi fut fait, et d'abord cette dignité éminente fut conférée au roi par l'un de ses pairs, le duc d'Alençon. Charles conféra ensuite cet insigne honneur à trois autres guerriers, à savoir, au damoiseau de Commercy, et à deux seigneurs lorrains compagnons de ce dernier. Le duc d'Alençon et le comte de Clermont donnèrent également l'accolade à plusieurs preux. Et si, en ce jour, ô noble Jeanne, tu ne reçus point cette haute faveur, c'est que déjà alors la reconnaissance n'était point la vertu des rois.

Les chroniques rapportent encore que des gants (1) furent distribués à tous ceux qui avaient assisté à la cérémonie ; « et, après le service, fut la » sainte ampoule reconduicte ainsi qu'elle avoit été » apportée. »

Enfin, au sortir de la basilique, le roi, en compagnie de tous les prélats et des barons, se rendit

(1) Voyez aussi les Grosses du procès de condamnation de Jeanne.

au palais archi-épiscopal, où le festin royal avait
été préparé. Suivant l'antique usage, l'archevêque
seul prit place à la table du monarque, qui fut servi
avec grand honneur et respect par le duc d'Alençon, les comtes de Clermont, de La Marche, et plusieurs autres grands seigneurs.

« Et fut le peuple, dans cette solennelle circon-
» stance, moult *festoyé et joyeux*, en voyant Charles
» de Valois, septième du nom, sacré et couronné
» dans sa bonne ville de Reims. Et durèrent les fêtes
» et les joyes du bon peuple trois jours durant encore,
» et ne furent closes que lors du départ du roi pour
» le pèlerinage qu'il devait faire, suivant une cou-
» tume de temps immémorial, au Bourg de Corbény,
» à cinq lieues de Reims, célèbre par les reliques de
» saint Marculfe (1). »

(1) Ce saint était du sang royal; il termina, dans la retraite, des
jours passés dans le jeûne et dans la prière. C'est à son interces-
sion que nos rois passent pour avoir obtenu du ciel le don de
guérir, en les touchant, les malades. *Le roi te touche, Dieu te
guérisse!*

CHAPITRE VI.

Prêtez une oreille attentive aux vieillards; car ces vieux voyageurs de la vie ont seuls le secret de ce qui est beau et bon,... Dieu leur a donné de lire dans l'avenir.

Le lendemain de l'auguste cérémonie du sacre, le roi avait décidé que deux pauvres paysans des Marches de la Lorraine auraient une audience. Or vous saurez que ceux-ci n'étaient rien moins que le père et l'oncle de la Pucelle, Jacques d'Arc et Durand Laxart. Ces deux bons villageois étaient venus à Reims pour embrasser Jeanne, leur fille et leur nièce bien-aimée. Ce fut vraiment une grande joie pour eux de la revoir. Ce n'en fut pas une moindre pour celle-ci de presser sur son cœur ce père chéri et cet oncle à qui elle était redevable d'avoir pu mettre à exécution sa noble entreprise. Quelle ne dut pas être alors l'émotion de la jeune bergère de se retrouver au sein de sa famille! Quelle ne dut pas être l'abondance de ses larmes, en tombant aux genoux du vénérable auteur de ses jours, en lui criant *mercy* et *miséricorde* pour une faute qu'elle devait, plus tard, expier si cruellement! Quelle ne dut pas être sa joie en recevant ce pardon et la bénédiction de ce bon père! car il l'accorda, sa bénédiction. Un père peut-il jamais la refuser à ses enfants quoique coupables? oui, il accorda à Jeanne ce gage sacré; il la bénit; il implora le ciel pour elle; il s'efforça de le désarmer. Mais, hélas! les volontés d'un père avaient été méconnues, violées; et si le ciel pardonna au repentir, ce fut à condition qu'il appesantirait plus tard son bras sur la coupable.

Et pourtant, en contemplant cette auréole qui environnait sa fille, Jacques d'Arc revint sans doute de ses anciennes préventions. Sans doute aussi une joie pure dut faire palpiter son cœur. Et l'héroïne, quelle ne fut pas sa félicité, d'ombrager, des lauriers qu'elle venait de cueillir, les cheveux blancs de ce vénérable vieillard!... Ah! si les cent voix de la renommée vibrent si harmonieusement aux oreilles de ceux qui ont mérité de flatteuses distinctions, c'est surtout quand ils peuvent faire jaillir quelques rayons de cette gloire sur les auteurs de leurs jours. Oui, ceux-là ne sont qu'imparfaitement heureux qui, venus trop tard dans le champ envié des honneurs, moissonnent des couronnes, qu'ils ne peuvent déposer aux pieds d'un vieux père ou d'une mère pleine de tendresse. Isolés qu'ils sont alors, ces favoris de la gloire ne peuvent trouver un ami véritable, pour verser leur joie dans son cœur. Une pierre froide et muette, la cendre des tombeaux reçoit seule alors de stériles lauriers et des larmes brûlantes.

Toujours est-il que Durand Laxart (1) et Jacques d'Arc avaient obtenu une audience de Charles, qui voulait entendre, de la bouche de ces deux paysans, le récit naïf et tous les détails de la mission de Jeanne. Celle-ci conduisit jusqu'aux appartements extérieurs ses bons parents ; mais elle n'entra pas avec eux. Par un motif de haute convenance, il ne fallait pas que la jeune vierge de Domremy fût témoin de l'entretien dont elle allait être le sujet.

Le roi était alors avec quelques favoris. Du plus loin qu'il aperçut Jacques d'Arc et Durand Laxart, il alla au-devant d'eux. Ceux-ci, suivant l'antique usage, s'étant prosternés et ayant embrassé les genoux du monarque, celui-ci, d'un air gracieux, leur tendit la main, qu'ils pressèrent respectueusement sur leurs lèvres. Alors Charles les ayant fait approcher, les présenta au duc d'Alençon, en s'écriant à haute voix : — Soyez les bien-venus ; vous Jacques d'Arc, père de la Pucelle, et vous Durand Laxart, son oncle ; soyez les bien-venus, car Jeanne, votre fille et votre nièce, a moult fait pour nous et pour notre cause.

Et les deux vieillards de répandre des larmes de joie aux flatteuses paroles du roi.

Et Charles de répéter, avec chaleur, les nobles paroles qui viennent de sortir de sa bouche royale.

(1) D'après la déposition de Laxart, il paraîtrait que lui seul fut présenté au roi. Toutefois, bien qu'il n'en soit pas question dans les mémoires du temps, il est bien vraisemblable que Jacques d'Arc fut aussi présenté au monarque français.

Après s'être écrié plusieurs fois que *Jeanne était une digne et courageuse fille*, le roi voulut apprendre, des deux bons paysans, tous les détails de la sainte mission de la jeune héroïne. — Oui, ajouta Charles avec bonté, nous voulons tout savoir, nous voulons que rien ne soit omis de ce qui concerne notre bien-aimée et féale Jeanne la Pucelle.

On se doute bien que si ce récit ne brilla pas par le beau choix des termes, il eut un autre mérite; celui de cette éloquence persuasive qui part du cœur, et dont une naïve franchise fait tous les frais. Toujours est-il que Jacques d'Arc n'omit rien, ni les *voix* de Jeanne, ni ses apparitions, ni ses voyages à Vaucouleurs, près du sire de Beaudricourt, ni même jusqu'aux bons soufflets dont celui-ci voulait qu'on la gratifiât. En un mot, tout fut dit, tout fut conté de point en point; rien ne fut oublié par le bon villageois, qui éprouvait une bien douce satisfaction de parler de sa chère fille devant le roi qui, de son côté, n'éprouvait pas moins de plaisir d'entendre des choses si merveilleuses, ou plutôt si incroyables, et racontées dans un langage presque inintelligible.

Vint ensuite le tour de Durand Laxart. Celui-ci, non moins rustique dans ses expressions que Jacques d'Arc, mais peut-être un peu plus rusé, eut bien soin, tout en rapportant les faits et gestes de sa nièce, de faire remarquer qu'il était le premier qui eût prêté l'oreille, et mieux que cela, sa bourse aux aventureux projets de Jeanne; et que peut-être, sans lui, cette jeune fille n'eût jamais pu réussir à parvenir jusqu'aux pieds du monarque.

Ce dont il se félicitait moult toutefois, puisque cela étoit proufitable au roy.

Lorsque les deux bons villageois eurent terminé leur récit, Charles, qui avait pris un grand plaisir à les entendre, s'écria : *que de sa vie il n'avoit ouï choses si merveilleuses.* Puis, derechef, *fit bellement et longuement* l'éloge de l'héroïne, et surtout répéta qu'il fallait qu'elle restât : *Car*, ajouta-t-il, *il y a encore moult à faire, et grand besoin avons de notre bien-aimée et féale Jeanne la Pucelle, pour ce faire et exécuter.*

Or, il était de mode alors de ne contredire en rien aux volontés des rois. Ainsi firent Jacques d'Arc et Durand Laxart, bien qu'ils eussent peut-être désiré ramener au logis leur fille et leur nièce. S'inclinant respectueusement, ils remercièrent de leur mieux le monarque, qui les congédia moult gracieusement, en les nommant l'un et l'autre par leurs noms ; ce qui était alors un grand honneur.

De vieilles chroniques rapportent que la ville de Reims paya les frais du séjour de Jacques d'Arc (1) et de Durand Laxart.

(1) Un compte tiré des archives de cette ville en offre la preuve ; on y lit : « A Alis, velve Rolin Moriau, hostesse de l'Asne-Rayé, » pour despence faite en son hostel par le père de Jehanne la Pucelle, » qui estait en la compaignie du roy, quand il fut sacré en cette » ville de Reims, la somme de 24 livres parisis, comme il appert » plus à plain par le mandat du dit lieutenant (Thomas de Ba- » zoches) ; donné le dix huictiesme jour du mois de septembre, l'an » mil quatre cens vingt neuf, et par quittance de la dicte Alis, » escrite au dos d'icelluy mandement, cy rendue ; par ce..... » xxiiij. l. p. »

FIN DU LIVRE CINQUIÈME.

LIVRE SIXIÈME.

—

CHAPITRE Ier.

> C'était une gaillarde solidement con-
> struite, ayant de larges épaules, une
> taille que le premier venu n'aurait pu
> embrasser de ses deux bras, une poi-
> trine d'officier prussien, des pieds à
> dormir debout.
>
> Ah! que de fois j'ai vu de charmantes
> créatures se glisser dans l'ombre, et
> *sourire* parce qu'elles avaient faim!...
> Ne peut-on pas appeler cela demander
> l'aumône avec amour?

L'auguste cérémonie du couronnement venait
d'être close par le pélerinage de Corbény, où le roi
s'était rendu, pour se conformer à l'antique usage
de ses prédécesseurs, et implorer, pour une classe
infortunée de ses sujets, les faveurs du ciel. Là, le
monarque français et la jeune héroïne reçurent de
nouveau, des populations empressées à se rendre
sur leur passage, des témoignages non équivoques

de respect, d'enthousiasme et d'amour. Aux yeux du peuple, pour qui la religion n'est pas un vain mot, l'onction sainte avait pour ainsi dire sanctionné les droits imprescriptibles de Charles à la couronne; et du jour où le baume sacré avait coulé sur le front radieux du fils de saint Louis, il était vraiment, pour tous les Français, *roy par la grâce de Dieu.* Malheur! mille et mille fois guerre et malheur à quiconque eût osé lui disputer alors la noble terre de France, qu'il tenait de droit divin ! Ah ! qu'il appréciait bien le pouvoir irrésistible des augustes cérémonies de notre religion, l'illustre guerrier qui naguère voulut aussi recevoir, des mains de l'évêque de Rome, une couronne que les droits de la guerre, une épée valeureuse et cent victoires lui donnaient le droit, envers et contre tous, de ceindre d'un bras ferme et vigoureux, sans s'embarrasser, le moins du monde, de remplir une formalité qu'auraient dédaignée des mortels doués, à un moindre degré que lui, de cette pénétration, de ce regard d'aigle qui domine, embrasse et prévoit tout !

De Corbény, le roi se rendit devant Vailly, petite ville entourée de murailles et située aux environs de Soissons. « Et, dit une chronique, les » habitants luy feirent obéissance, et le receurent » grandement bien, selon leur pouvoir. » Toutefois, comme on avait envoyé des hérauts sommer les villes de Soissons et de Laon, places alors très fortes, on attendit le résultat. Il ne se fit pas attendre. Des députés arrivèrent bientôt. Ils appor-

taient les clefs de ces deux villes. Charles se rendit
d'abord à Soissons, « où il fut receu à très grant
» joie de tous ceulx de la cité, qui tous l'aimoient
» et le désiroient. » Ce fut pendant son séjour dans
cette ville, qu'il apprit que Provins, Coulommiers,
Crécy-en-Brie et plusieurs autres places importantes
avaient également reconnu son autorité.

L'armée se dirigeait sur Château-Thierry, où
s'étaient renfermés Jean de Croy, Jean de Brimeu et
beaucoup d'autres, l'élite des guerriers bourguignons, lorsque Jeanne, qui avait l'œil partout,
aperçut un jour une de ces femmes *omnibus* qui suivent les camps, vendent pour un peu d'or des
charmes flétris et bien souvent d'amers regrets.
Cette honteuse dépravation avait déjà plusieurs fois
encouru la vive réprobation de l'héroïne, elle si
pure, elle si chaste, elle que le ciel semblait
ne vouloir montrer aux hommes qu'un instant,
comme ces fleurs qui ne durent qu'un matin. Toujours est-il que cette aventurière chevauchait au
milieu des hommes d'armes, semblait se faire un
mérite de son déshonneur, devisait, riait, buvait,
mangeait, et le reste... avec l'un, avec l'autre, et
de plus, disait la bonne aventure.

Déjà plusieurs fois Jeanne l'avait aperçue, mais
des occupations plus importantes l'avaient empê-
chée de s'enquérir près de cette femme de quel
droit elle souillait, par sa présence, l'armée du roi.
Ce jour-là, ce fut différent, et mal prit à la bohémienne, car c'en était une, de se trouver sur le chemin de la jeune guerrière. — Que fais-tu là, mau-

dite engeance? s'écria-t-elle en la poursuivant de toute la vitesse de son coursier; que fais-tu là? qui t'a permis de te mêler avec nos soldoyers? arrière, fille de satan! arrière, ou...

Et en disant ces mots d'un ton qui veut être obéi, l'amazone a fait blanc de son épée.

— Grâce! grâce! s'écrie soudain une voix qui n'était pas inconnue à celle-ci, grâce! ne vous souvient-il plus de Praganita la bohémienne?

— Praganita la bohémienne?

— Elle-même.

— En effet, je te reconnais, reprend l'héroïne avec un air de surprise, et en remettant l'épée dans le fourreau, eh bien! que fais-tu là? Ce n'est pas ici ta place.

— Hélas! ma place est où je gagne quelque argent, où je trouve à manger un morceau de pain, quelquefois bien dur, bien amer, reprend la bohémienne en soupirant.

— Ce n'est pas ici ta place, te dis-je, et...

— Jeanne, il faut avoir pitié des malheureux, cela porte bonheur.

— Oui, des malheureux, mais toi! c'est le pain de l'infamie que tu manges.

— Ah! je mange ce que l'on me donne, ce que je trouve.

— Pourquoi ne travailles-tu pas?

— Il y a tant de bras, que c'est maintenant pauvre métier de les offrir, et qui n'a que ses deux bras, risque bien souvent de se coucher à jeun.

— Eh bien! que fais-tu donc?

— Ma foi! à dire vrai, je fais tout ce qui se présente, et, malgré cela, mon escarcelle est bien légère.

— Mais enfin tu ne dois pas être ici, à moins que tu ne veuilles te battre contre ces maudits Anglais, ces enragés Bourguignons.

— Je ne me bats avec personne, reprend la bohémienne du plus grand sérieux.

— Je ne veux pas que tu restes au milieu de nos soldats, te dis-je; va-t'en! ou je te fais appréhender.

— Jeanne, ma belle Jeanne, un peu de compassion pour la bohémienne, un peu de pitié pour la pauvre Praganita.

— Je ne puis tolérer ta présence ici, tu pervertirais tous nos soldats.

— Moi! ah! bien au contraire, je leur porte bonheur, je les fais rire, je leur fais passer le temps agréablement, je leur fais des contes à dormir debout, je... d'honneur! je ne sais pas tout ce que je ferais pour ces gentils soldoyers.

— Bah! bah! nos soldoyers n'ont que faire de tes contes, ils ont bien d'autres choses à penser, ma foi! Praganita, je té le dis sérieusement, il faut déguerpir, et ça, au plus vite.

— Jeanne veut donc que la pauvre bohémienne aille mourir de faim au pied d'un arbre, s'écrie Praganita en faisant semblant de pleurer.

— Je veux que tu t'en ailles, et ça, tout de suite.

— Il faudra donc alors qu'elle se réfugie chez les

Anglais, chez les Bourguignons; qu'elle aille leur porter bonheur, au préjudice de ses bons amis les Français, qu'elle aime tant.

— Tais-toi, Praganita, tais-toi, et va-t'en.

— Miséricorde! miséricorde pour la pauvre bohémienne! si on la chasse, elle va mourir de faim. Ah! c'est un triste sort de n'avoir rien à mettre sous la dent! s'écrie celle-ci d'un ton à fendre le cœur.

— Eh bien! fais comme tout le monde, travaille.

— Hélas! je ne demande pas mieux, je ne suis ici que pour *besoigner*.

— Ah çà! sais-tu bien que tu commences à m'échauffer les oreilles. Allons, arrière, que je ne te voie plus. Attends! tiens, voilà quelque argent, mais que je ne te revoie plus; souviens-toi bien de la défense que je te fais, sans cela ça irait mal pour toi, sache-le bien. Charles n'a que faire de ribaudes au milieu de ses soldats, qu'il aime, ce bon roi, qu'il aime comme ses enfants. Adieu, Praganita, adieu, et surtout que je ne te revoie jamais, entends-tu?

— Jeanne!..

— Eh bien! tu es encore là, maudite paillarde! veux-tu bien gagner au large!

Et en disant ces mots, la jeune guerrière fait mine de poursuivre la bohémienne qui, sans attendre son reste, déguerpit au grand trot de sa monture, non sans toutefois maugréer entre ses dents, contre toutes les pucelles passées, présentes et à venir, se promettant bien au reste de revenir dès que Jeanne aurait tourné le dos. Car il est bon de savoir qu'outre tous ceux de bonne volonté, que la bohémienne *exploitait*, elle avait encore parmi les soldoyers un ami de cœur nommé Francisco, joli garçon, ma foi! dont plus tard elle espérait bien faire un mari.

Cependant on approchait de Château-Thierry, et, comme de coutume, la présence de Jeanne était un talisman qui ouvrait les portes des villes, ou plutôt portait l'effroi dans le cœur des guerriers ennemis qui les défendaient. En effet, la jeune héroïne ne fut pas plus tôt en vue de la ville, que le bruit se répandit soudain parmi les habitants, et chose beaucoup plus *sérieuse*, bon nombre de ceux-ci prétendirent qu'on apercevait une nuée de papillons dans son étendard. (*Historique.*)

C'était plus qu'il n'en fallait pour répandre la terreur au sein des populations superstitieuses, et peut-être glacer d'effroi les plus intrépides guerriers. Car, vous le savez déjà, ces papillons voltigeant autour de l'étendard de Jeanne, c'étaient des diables; ou tout au moins des guerriers combattant pour elle, et portant la mort dans les rangs ennemis. Toujours est-il que les chefs anglais, renfermés dans la place, demandèrent à capituler. (*Monstrelet.*)

On en était là, quand soudain le bruit se répandit que les Anglais s'avançaient avec des forces imposantes pour secourir la ville. Comme on s'en doute bien, non seulement les négociations furent rompues, mais encore une sorte de terreur panique s'empara des guerriers français... Fort heureusement,

Jeanne était là, impassible comme à l'ordinaire, et pleine de courage pour braver tous les dangers.

Cette fois, ils étaient imaginaires… La jeune inspirée, avec ces paroles persuasives dont elle seule avait le secret, parvient sans peine à ramener la confiance dans tous les cœurs. Elle assura, et c'était la vérité, que les Anglais ne pensaient guère à venir. En effet, ils étaient bien loin, et fort occupés à réparer leurs pertes. Toujours est-il qu'on ne put douter de ces promesses, quand le lendemain, à l'aube du jour, pas un Anglais, pas un Bourguignon ne parut ni de loin ni de près… C'était une fausse alerte que l'on avait eue. Aussi les assiégés, trompés dans leur attente, furent-ils trop heureux de renouer les négociations avec les chefs français, assez généreux pour accorder à la garnison ennemie de se retirer avec ses armes et ses bagages.

Sur ces entrefaites, le roi arriva à Château-Thierry. Ce fut dans cette ville qu'il octroya, à la prière de Jeanne, l'exemption de toutes *tailles, aydes, subventions et impôts*, en faveur des villages de Greux et de Domremy (1).

De Château-Thierry, le roi marcha sur Provins, dont il s'empara, et où il séjourna quelque temps. Cette pointe le rapprochait beaucoup de sa capitale. » Et quand ceux de Paris et des alentours surent » comme les Armagnacs (les Français) conquestaient » ainsi le pays, ils abandonnèrent leurs maisons, scil-

(1) Cette exemption d'impôts a été maintenue jusqu'à la première révolution; les registres des *tailles* de l'élection de Chaumont portant toujours à cet article : « Néant : *la Pucelle*. »

» lièrent leurs blés avant qu'ils fussent mûrs, et les
» apportèrent en la bonne ville. Et ceux de Paris
» moult avaient grand paour ; car aucun chef de
» guerre n'y était. » (*Chroniques.*)

Toutefois le régent anglais, Jean de Lancastre,
malgré les revers multipliés qu'avait éprouvés son
parti, ne lâchait pas prise... Ayant appris ce découragement général, il revint en toute hâte rassu-
rer les Parisiens. D'un autre côté, le duc de Bedford faisait également les plus grands efforts, re-
crutait à force, et était parvenu, en réunissant toutes
les garnisons de la Normandie, à rassembler plus
de dix mille combattants. En ce temps-là, c'était
une armée respectable. Toujours est-il que ledit
duc de Bedford, longeant les rives de la Seine,
comme s'il eût voulu couper l'armée française, se
porta rapidement jusqu'à Montereau-faut-Yonne,
ville tristement célèbre par le meurtre de Jean-sans-
Peur !... Ce fut de cet endroit que le régent et le
duc de Bedford envoyèrent des hérauts d'armes
porter à Charles de Valois (c'est ainsi qu'ils appelaient le roi de France) un défi non moins outra-
geant pour le fond que pour la forme, par les allé-
gations impudentes et calomnieuses qu'il renfermait.
(*Monstrelet.*)

Dans ce curieux monument, le monarque anglais
était qualifié *de vray naturel et droicturier roy des
royaulmes de France et d'Angleterre*, tandis que
Charles VII était appelé irrévérentieusement *dau-
phin du Viennois*. La noble Jeanne était stigmatisée
de femme désordonnée et diffamée; frère Richard,

d'apostat et de séditieux, et tous deux d'abominables à Dieu. « Enfin, on sommait le roi Charles VII *de* » *cesser la guerre*; car, ajoutait-on, si, par deffault » des susdicts, plus grands maulx, pilleries, occi- » sions et dépopulations de pays adviennent, nous » prenons Dieu à tesmoing et protestons, devant luy » et les hommes, que nous n'en serons point la » cause. » (1).

Le roi répondit avec dignité au héraut, porteur de ces outrageantes paroles :

— J'accepte le défi que tu me portes de la part de ton maître... et dis-lui bien que loin de fuir devant lui, je désire bien plus le combattre que lui de se mesurer avec moi. (*Hollinshed.*)

En effet, sans s'alarmer le moins du monde de la manœuvre par laquelle le duc de Bedford semblait vouloir tourner l'armée française, le roi s'avança vers Paris, à travers les plaines de la Brie, et vint prendre ses quartiers près d'un vieux manoir appelé la Motte-de-Nangis. Ce mouvement hardi eut tout le succès qu'il méritait. L'armée anglaise craignit à son tour d'être coupée. Toujours est-il que le duc

(1) L'historien Monstrelet, qui rapporte tout au long cet insolent défi, ne dit point la réponse qu'y fit Charles. Peut-être ce prince crut-il devoir mépriser tant d'impudence et garder un silence qui convenait bien mieux à son bon droit, que de recourir à une argumentation qui l'aurait avili vis-à-vis de pareils adversaires. Peut-être aussi Monstrelet, tout dévoué qu'il était au parti anglais et bourguignon, a-t-il voulu couvrir d'un voile officieux les dures vérités que le monarque français pouvait répondre, et vraisemblablement répondit à l'usurpateur du trône des lis.

de Bedford changea de plan et s'en retourna honteusement à Paris.

L'effroi était dans cette cité; on avait fermé la
porte Saint-Martin, et la foire Saint-Laurent, où il
ne vint presque personne, se tint cette fois dans la
grand'cour de l'abbaye Saint-Martin. Bref, on prit
toutes les précautions pour empêcher l'armée des
Armagnacs (c'étaient, comme on sait, les Français
qu'on appelait ainsi) de s'emparer de la ville par surprise, en cas que le duc de Bedford fût battu. Et, en
effet, on avait été plus que surpris de voir ce guerrier *célèbre* faire une retraite si *précipitée*, pour ne
pas dire si *honteuse*, après avoir outrageusement
provoqué l'armée française. Ces bons Parisiens! ils
ignoraient donc que rien n'est moins à craindre
qu'un ennemi fanfaron!

Eh bien! le croirait-on? malgré tous les précé-
dents succès, malgré cette force morale dont l'armée
de Charles était redevable à la jeune héroïne, quelques chefs français (dont je tairai le nom) parlaient
de se retirer sur la Loire; et le roi, qu'un penchant
irrésistible ne portait que trop à l'inertie, le roi, le
pauvre roi, trompé, abusé par de lâches favoris,
d'adhérer à ces perfides conseils, bien que Jeanne,
les ducs d'Alençon et de Bar, les comtes de Clermont, de Vendôme et de Laval, et beaucoup d'autres
guerriers, fidèles à l'honneur, combattissent de tout
leur pouvoir cette honteuse résolution. Toutefois,
peut-être auraient-ils échoué devant la volonté
royale qu'un ministre pusillanime égarait chaque
jour (on devine assez qu'il s'agit ici de La Tré-

mouille), si le ciel toujours favorable à la cause des lis n'eût permis qu'un événement imprévu changeât subitement ce qu'avait décidé le prince, écho de lâches courtisans (1).

Toujours est-il qu'on se dirigeait vers la Loire, mais il fallait d'abord passer la Seine, dont tous les ponts, un seul excepté, étaient occupés par l'ennemi. C'était celui de Bray-sur-Seine, et les habitants avaient promis de le livrer.

Le hasard voulut qu'un corps anglais et bourguignon, pour ainsi dire égaré, se jeta dans cette place, la veille même du jour où les Français devaient arriver. On devine ce qu'il advint. Les premiers cavaliers de l'armée royale s'étant présentés sans défiance, les portes se fermèrent sur eux, puis les ponts furent levés, les herses baissées, les remparts garnis de troupes, une ceinture de fer borda les parapets, et le léopard et la croix de Bourgogne flottèrent au sommet des tours. On comprend de reste qu'il n'y avait plus moyen de passer la Seine à Bray. On comprend de reste encore que l'avis des braves, l'avis de Jeanne, du duc d'Alençon et d'autres valeureux guerriers dut forcément prévaloir, c'est-à-dire qu'au lieu de rétrograder l'armée se dirigea, en bon ordre, sur Château-Thierry, puis s'avança, par la Ferté-Milon, vers Crespy en Valois.

Cette marche hardie fut un véritable triomphe pour le roi. De tous côtés les populations empressées

(1) On voit, par les mémoires du temps, que Regnault de Chartres partageait, en grande partie, l'opinion du ministre La Trémouille.

accouraient et saluaient le prince du cri longtemps
répété de *Noël! Noël!* Des villages, des bourgs
entiers, venaient au-devant de Charles en chantant
le *Te Deum*. « Et, dit un chroniqueur, faisoient
» merveilleuse feste... Regardant surtout la Pucelle,
» laquelle, en voyant cet enthousiasme, plouroit
» moult fort, et de temps en temps s'écrioit :

— » Voici un bon peuple, et n'ai encore vu
» aucun autre tant se réjouir de la venue de son
» roy. »

— Ainsi sont les Français quand l'élan de leur
cœur n'est pas comprimé par les méchants, répondit Dunois, en jetant un regard sur certain favori
qui n'était pas loin.

— Plût à Dieu, reprit l'héroïne, plût à Dieu que
je fusse assez heureuse, quand je finirai mes jours,
d'être ensevelie dans cette noble terre !

Et, en disant ces mots, Jeanne leva au ciel, avec
une expression de douloureuse tristesse impossible
à rendre, ses yeux baignés de larmes... L'infortunée!
un secret pressentiment l'avertissait-il du sort affreux qui lui était réservé?

Il se fit un moment de silence... pendant lequel
l'archevêque de Reims, qui montait une mule magnifique au milieu du groupe des principaux chefs,
considérait la vierge de Domremy avec un respect
mêlé d'admiration.

Puis, tout-à-coup, comme s'il avait pénétré le
sens mystérieux des paroles qu'il venait d'entendre,
dre, le prélat s'écria en se tournant vivement vers
celle-ci :

—Eh! dans quel lieu, noble Jeanne, avez-vous donc espoir de mourir?

— Où il plaira à Dieu, répondit l'héroïne... Car, ajouta-t-elle, je ne suis sûre ni du temps ni du lieu, plus que vous ne l'êtes vous-même.

— Ah! avez bien raison, reprit le prélat, c'est le secret du ciel.

— Oui, c'est le secret du ciel, s'écria la jeune bergère en poussant un profond soupir. Mais, las! je me croirais heureuse s'il m'était permis d'abandonner le métier des armes pour aller chez mon vieux père, faire paître comme autrefois nos troupeaux bondissants aux rives fortunées de la Meuse.

—Jeanne, répondit le prélat, c'est la volonté de Dieu que vous soyez ici pour servir votre roi.

— Eh bien! seigneur évêque, que sa volonté soit faite, je me soumets, je me résigne à mon sort, et...

La jeune inspirée ne put achever. Les sanglots la suffoquaient; on aurait dit qu'en ce jour, au milieu de cette pompe, de cette ivresse générale, d'affreux pressentiments étaient descendus dans son cœur... et que, par une de ses lois mytérieuses qui balancent pour les mortels le bien et le mal, le sort voulait que Jeanne, en passant sous des arcs de triomphe, foulât sous ses pieds le voile funèbre, le froid suaire des sépultures.

CHAPITRE II.

Rien de pire qu'un renégat... il est
capable de tout... C'est l'enfer qui l'a
vomi... tôt ou tard il doit y retourner.

Cependant l'armée du roi se rapprochant toujours
de la capitale, prit ses quartiers près de Dammar-
tin. Alarmé de ces progrès rapides, le duc de Bedford sortit une seconde fois de Paris et vint camper
à Mittry, où s'étant fortifié de tout ce que l'art pouvait ajouter à une position déjà très forte, il envoya
un héraut offrir la bataille au monarque.

C'était une infernale ruse de la part du chef anglais; car, sachant bien qu'on ne brave pas impu-
nément les Français, il était presque sûr qu'ils
viendraient l'attaquer dans la position où il s'était
retranché, et qu'alors ceux-ci, si souvent victimes
de leur folle témérité, trouveraient une mort certaine au milieu des pals aigus dont il avait hérissé le
front de son armée.

Il n'en fut rien pourtant. La bravoure était bien
toujours le premier mobile des Français, mais cette
fois elle s'appuya sur l'expérience. C'est assez dire
que l'armée de Charles rendit ruse pour ruse, et se

fortifia comme les Anglais. Ceux-ci voyant que leur trame était découverte, se gardèrent bien d'attaquer; seulement, on s'escarmoucha de part et d'autre jusqu'à la nuit, sans aucun résultat... Puis, le régent leva le pied une seconde fois, et, tout honteux de n'avoir pu attirer les Français dans le piége qu'il leur avait tendu, s'en revint se renfermer dans Paris, tandis que le roi retournait à Crespy, d'où il envoya un héraut sommer Compiègne de se rendre, ce à quoi les habitants obtempérèrent avec joie.

Beauvais suivit ce noble exemple malgré les scandaleuses intrigues de Pierre Cauchon, son évêque, depuis si tristement célèbre. « Et, dit un vieux chro- » niqueur, sitôt que les habitants voirent les héraults » d'armes, ils crièrent tous : *Vive Charles, roy de* » *France!* et chantèrent *Te Deum;* puis donnèrent » congié à tous ceux qui ne voulurent pas se ranger » sous l'obéissance du roy. » Toujours est-il qu'indignés du zèle que manifestait hautement leur évêque pour le parti de l'étranger, ils le chassèrent honteusement. Ce qui explique jusqu'à un certain point, sans toutefois la justifier, la conduite odieuse, pour ne pas dire infâme, que ce prélat ne rougit pas de tenir, quand il fut question d'assassiner juridiquement la vaillante héroïne, qui avait relevé le trône des lis. Mais n'anticipons pas sur les événements.

Il faut bien le dire, cet indigne prélat ne faisait que se traîner sur les traces d'une cité coupable, qui aurait dû, la première, ouvrir ses portes au descendant de Philippe-Auguste, au noble fils de

saint Louis. Et pourtant elle demeurait attachée
au parti anglais avec une opiniâtreté qu'on ne peut
expliquer, si tant est que la félonie puisse s'expliquer, à moins qu'on ne dise que la peur des hallebardes anglaises avait paralysé la fidélité des habitants de Paris. Et, en effet, il suffisait, en ces jours
de lugubre mémoire, de porter ou seulement de
paraître porter intérêt à la cause de Charles, à
cette cause sacrée du souverain légitime, pour être
appréhendé, banni, torturé, *occis* sans miséricorde.
La terreur, en un mot, régnait dans cette malheureuse cité. Et, pour n'en citer qu'un exemple, il
suffira de savoir que ce frère Richard, auquel les
habitants de celle-ci avaient rendu naguère encore
des honneurs presque divins, était voué à tous les
diables de l'enfer depuis que l'on savait *qu'il chevauchait* avec l'armée royale. C'est assez dire qu'il
eût passé un vilain quart d'heure, si le sort eût
voulu qu'il tombât entre les griffes de l'étranger.

Cependant l'armée française avait pris possession
de Compiègne, et, de ce poste important qui lui
livrait le passage de l'Oise, elle menaçait la Picardie
et la Normandie. A cette nouvelle, le régent anglais,
à la tête de forces imposantes, sortit pour la troisième fois de la capitale, et se porta en toute hâte
sur Senlis. Sans hésiter, l'armée française se dirigea
vers cette dernière ville, et le roi ordonna à Ambroise de Lore et à Xaintrailles d'aller reconnaître
les positions de l'armée ennemie. « Et s'approchèrent
» tant les deux armées, qu'elles s'entrevéoient, et
» de chascune partirent plusieurs vaillants guer-

» riers qui s'entrescarmouchèrent, et feirent de très
» biaulx faits d'armes. (*Chroniques.*)

Tout cela devait aboutir nécessairement à un engagement général. De part et d'autre, on brûlait d'en venir aux mains. Toujours est-il que l'astre brillant des cieux s'élevait à peine au-dessus de l'horizon que le roi fit sortir son armée du camp et la rangea en bataille en la divisant en trois corps.

Le premier, c'était l'avant-garde, fut confié aux ducs d'Alençon et de Vendôme.

René, duc de Bar et de Lorraine, depuis duc d'Anjou et roi titulaire de Sicile, commandait le second, où se remarquaient plusieurs guerriers lorrains.

Le troisième corps, l'arrière-garde, était commandé par le prince en personne, assisté du comte de Clermont et du sire de La Trémouille. Grand nombre de seigneurs de haut parage, beaucoup de chevaliers renommés par leurs prouesses, entouraient le monarque français et lui faisaient un rempart de leurs corps.

Pour renforcer encore l'ordre de cette belle armée, les maréchaux de Sainte-Sévère et de Rayz s'étaient placés sur les ailes avec un certain nombre de guerriers éprouvés, parmi lesquels on remarquait les sires de Graville, grand-maître des arbalétriers, et de Foucault, chef des archers.

Enfin, Jeanne la Pucelle, Dunois, bâtard d'Orléans, le comte d'Albret, le beau La Hire et plusieurs autres chefs de guerre, la fleur de la chevalerie, commandaient *un corps de bataille destiné à renforcier et secourir les aultres.*

Du côté des Anglais, l'ordonnance de l'armée n'était pas moins belle. Soit le hasard, soit l'espoir de rendre le sort favorable, soit tout autre motif, le duc de Bedford avait rangé ses troupes près d'un village du nom de *la Victoire*. Un étang profond couvrait ses derrières, bien moins pour les mettre à l'abri d'une surprise que pour rendre la fuite impossible à ses soldats, qui n'y étaient que trop disposés depuis qu'ils savaient que Jeanne était dans les rangs de l'armée française. A droite, à gauche, d'épaisses broussailles protégeaient ses flancs. Enfin, de profondes tranchées, garnies de pals aigus inclinés en avant, défendaient son front, et devaient infailliblement arrêter l'effort de la cavalerie, ou plutôt jeter un désordre affreux dans ses rangs. Enfin les archers, tous à pied et bordant le front de l'armée, « avoient chascun poinssons aguisez fichez devant » eux. » (*Chroniques.*)

Au milieu de cette forêt de lances s'élevaient les bannières de France (1) et d'Angleterre, « Et » estoient, ce jour-là, avec le duc de Bedford, » six à huit cents bourguignons, parmi lesquels » on remarquoit le sire de l'Isle-Adam, Jehan » de Croy, Jehan de Créquy, Antoine de Béthune, » Jehan de Fosseux, le sire de Saveuses, le sire » Hue de Launoy, Jehan de Brimeu, Simon de

----

(1) Le roi d'Angleterre, qui prenait alors le titre de roi de France, en prenait également les armes, et bien longtemps celles-ci se virent accolées aux armes d'Albion. Ce n'est que dans ces derniers temps que le roi d'Angleterre a cessé de prendre le titre de roi de France et d'en porter les armes.

» Lalain, guerrier moult renommé, Jehan, bastard
» de Saint-Pol, et beaucoup d'autres non moins cé-
» lèbres, dont plusieurs furent armés chevaliers de
» la main du duc de Bedford; et d'autres, comme
» le sire de Humières, par les mains d'aulcuns aultres
» chevaliers. » (*Monstrelet.*) Pas n'est besoin d'a-
jouter que le sire de Talbot et le comte de Suffolk,
tout récemment délivrés de leurs fers (ils étaient
prisonniers des Français), s'étaient hâtés de venir
rejoindre leurs frères d'armes pour réparer par
de nobles prouesses l'échec dont ils avaient été
victimes aux plaines de Jargeau et dans les champs
de Patay.

« Lesquelles ordonnances ainsi faictes, chevaulcha
» le roy de France plusieurs fois devant l'armée an-
» glaise; et finalement feist approucher ses troupes
» jusques à deux traicts d'arbaleste près des Anglois,
» et leur feist signifier, par ses héraults d'armes, que
» s'ils vouloient saillir de leur parc (sortir de leurs
» retranchements), il les combactroit; *ce qu'ils ne*
» *voulurent faire.* »

Toujours est-il que, par le conseil et de l'avis de
plusieurs chefs, dont la haute vaillance égalait la
vieille expérience, le roi avait été supplié de bien se
garder d'attaquer l'armée anglaise dans ses retranchements, où les Français auraient infailliblement
trouvé le trépas au milieu de cette forêt de pals
dont le duc de Bedford avait hérissé son front de
bataille. Toutefois, comme il est bien difficile,
pour ne pas dire impossible, de retenir la bouil-
lante ardeur des Français, « ceux-ci se ruèrent tout

» le jour, par petits corps, jusqu'aux fortifications
» des Anglois pour les harceler et les forcer de venir
» en rase campagne. Si bien que, par adventure de
» temps en temps, quelques gros d'Anglois sortaient
» de derrière leurs pals, et repoussoient les François,
» lesquels renforcés par aulcuns des leurs, rechas-
» soient à leur tour les Anglois, qui, pareillement
» confortés et aydés par leurs gens, rechargeoient
» de nouvel les François; et dura ce manége, ce
» jour-là sans cesser, jusqu'au soleil couchant. »
(*Chroniques.*)

« Et, dit encore une vieille chronique, en ces
» escarmouches voulut aussi aller lé sire de La Tré-
» mouille (1), lequel estoit monté sur ung coursier
» moult joli et grandement habillié. Toujours est-il
» que, tenant sa lance au poing, ledit sire frappa
» son cheval des esperons, qui, par adventure, cheut
» à terre, et tresbucha au milieu des ennemis, où il
» fut en grand dangier d'estre tué ou pris, si pour
» le secourir on n'eust fait grandes diligences (2). »

Quoi qu'il en soit *des prouesses du vaillant*
La Trémouille, toujours est-il que Jeanne la Pucelle,
le beau La Hire, le comte d'Albret et l'élite des
Français firent ce jour-là un noble usage de leur
bonne épée. La jeune héroïne surtout se fit remarquer par son courage et son sang-froid. On la

(1) Nous passons sous silence les réflexions peu obligeantes de
M. Lebrun des Charmettes. (Tome II, page 370.)

(2) Nous croyons devoir également passer sous silence ce qu'a-
joute ici le même auteur. (Tome II, page 370, *Histoire de Jeanne
d'Arc.*)

vit sans cesse au milieu de la mêlée, ramenant au
combat les soldats dispersés, frappant de sa lance
le guerrier ennemi assez hardi pour oser l'attaquer,
et bien souvent faisant rouler dans la poussière les
plus audacieux. Bien qu'elle fût le point de mire de
tous les traits, de toutes les arquebusades, on ne la
vit pas un seul instant sourciller au milieu des périls
qui l'environnaient : aussi pourrait-on dire, à juste
titre, que le calme de cette jeune fille au milieu de
la mêlée était peut-être la chose la plus étonnante
qui se fût jamais vue, si tant est toutefois qu'un si
noble exemple ait jamais été donné ; car, il faut bien
en convenir, le courage délirant des combattants
est bien moins surprenant que ce sang-froid imperturbable ou plutôt sublime de quelques guerriers
privilégiés. Les premiers, en effet, en proie à une
sorte d'ivresse, ne peuvent s'effrayer d'un trépas
qu'il leur est impossible de prévoir : ceux-ci, au
contraire, contemplent d'un œil serein la mort,
qui leur apparaît entourée de toutes ses horreurs.

Ce jour-là encore, le roi montra une audace qui
convenait peu à son rang élevé. Pour animer les
troupes, on le vit plusieurs fois traverser avec sa
suite l'espace étroit qui séparait les deux armées.
(*Villaret.*) Les Anglais, au contraire, donnèrent
dans cette journée des preuves d'une extrême
couardise... Malgré les incessantes provocations
des Français, malgré les sarcasmes blessants de
ceux-ci, jamais les enfants d'Albion n'osèrent quitter leurs retranchements.

Les chroniques disent encore que les archers

picards, qui étaient à la solde anglaise, firent merveille ce jour-là, ce dont le duc de Bedford moult gracieusement les remercia, en leur disant : — « Mes » amys ! vous estes très bonnes gens et avez bien » fait votre devoir. Nous vous prions, s'il nous vient » (encore) aucune affaire, de venir nous être en » aide. » *Va-t'en voir s'ils viennent, Jean !!!* etc.

Vers le soir eut lieu la plus grosse escarmouche. De part et d'autre alors l'attaque fut si vive que les deux armées furent comme ensevelies dans des nuages de fumée et de poussière, « tellement qu'on » n'eust peu cognoistre lesquels étoient François ou » Anglois. » *(Chroniques.)*

Les trompettes sonnèrent enfin la retraite... C'était assez, c'était bien trop de sang de versé... De part et d'autre, on se retira... Toujours est-il que le lendemain le duc de Bedford prit le chemin de Paris, et le monarque français avec sa brave armée, à qui revenait tout l'honneur de cette journée, s'en retourna à Crespy, en Valois.

Telle fut cette mémorable bataille de Mont-Piloer, racontée si au long par tous nos vieux chroniqueurs... Toutefois, on ne sut jamais de quel côté la perte avait été la plus considérable, bien qu'on n'eût que trop la preuve que maint guerrier des deux camps y trouva un glorieux trépas. En pouvait-il être autrement?... on s'était battu corps à corps, à la manière des héros de l'antiquité, depuis le lever du soleil jusque bien avant dans la nuit. Or, toujours, dans ces luttes partielles, l'un ou l'autre des combattants, et quelquefois tous les

deux, trouvent une mort glorieuse... Et cependant
tant de prodiges de valeur, tant de noble sang versé,
ne purent faire pencher la balance d'aucun côté...
La victoire fut forcée de partager, de ses sanglantes
mains, ses couronnes teintes de sang. Tristes trophées pour les rois !... et plus encore pour les pauvres peuples !

CHAPITRE III.

— Savez-vous ce que c'est que le progrès des lumières ?

C'est un manteau de pourpre jeté sur un squelette...

(Pensées philosophiques de l'auteur.)

Un ambassadeur est un honnête espion ; entre lui et le prince qui le reçoit, c'est au plus fin, c'est au plus rusé...

(Ibid.)

Or, ce jour-là, Regnault de Chartres, archevêque de Reims et chancelier de France, Christophe de Harcourt, évêque de Castres et confesseur du roi, le sire de Gaucourt, grand-maître de sa maison, les sire de Dampierre et de Fontaine, chevaliers, et plusieurs autres seigneurs de haut parage, venaient d'arriver avec une suite nombreuse et brillante dans la cité d'Arras... C'était là, pour lors, que tenait sa cour Philippe-le-Bon, duc de Bourgogne, faisant cause commune avec les Anglais contre son suzerain, le roi du beau royaume de France, Charles septième du nom.

Jeanne, dont tous les conseils étaient de célestes inspirations, avait souventesfois remontré qu'il était de la plus haute importance de faire des démarches

auprès dudit duc de Bourgogne pour le ramener
sous la bannière des lis... Elle avait encore annoncé
que celui-ci finirait par se rendre à son devoir de
parent et de prince, en revenant au parti de Charles... Malgré cela, on avait cru devoir agiter dans le
conseil si le moment était opportun pour prendre
en considération les avis de la jeune inspirée. Après
un mûr examen, on s'était enfin décidé pour l'affir-
mative, et il avait été *apoincté* (résolu) que, dans
le plus bref délai, des docteurs *in utroque jure* et
de hauts personnages seraient envoyés au duc de
Bourgogne pour lui offrir paix et amitié, autant
toutefois que paix et amitié peuvent exister entre les
têtes couronnées.

C'étaient donc lesdits envoyés qui venaient d'arriver dans la cité d'Arras, et qui tout d'abord s'é-
taient enquis, en exhibant l'objet de leur mission,
d'obtenir audience de très haut et très puissant
prince le duc de Bourgogne, Philippe dit le Bon.

Toujours est-il que, peu de temps après leur
arrivée, le duc leur fit savoir qu'il consentait à donner audience aux envoyés de son cousin le roi de
France.

En ce temps-là, ce n'était pas une petite affaire
que de s'acquitter dignement des hautes fonctions
d'ambassadeur. Les plus grands seigneurs, les plus
hautes capacités de l'église, de la magistrature et de
l'épée (alors on n'employait que ces gens-là), ambi-
tionnaient d'aller représenter le souverain. De part
et d'autre, dans ces solennelles circonstances, on
faisait assaut de courtoisie, de magnificence, de

nobles procédés, surtout de disertes et éloquentes paroles. Malheur à celui dont le langage imprudent n'aurait pas répondu à la haute mission qui lui était confiée, il eût été perdu sans ressource... Un sourire ironique souvent mal déguisé l'eût accueilli chez le prince étranger. Au retour, la disgrâce la plus éclatante, et quelquefois pis, eût été le prix de sa faute : aussi ne prenait-on pas *le premier venu* pour en faire un ambassadeur. Depuis, m'a-t-on dit, on n'y regarde pas de si près ; mais alors c'était bien différent.

Toujours est-il que les envoyés du roi de France venaient d'être introduits, avec l'étiquette usitée en pareille circonstance, en présence de haut et puissant prince, Philippe le Bon, duc de Bourgogne.

Entouré de toute sa cour, de l'élite de ses guerriers, de pontifes vénérables, de magistrats d'une prudence consommée, celui-ci était assis au fond d'une vaste salle soutenue par des colonnes, sur un trône étincelant d'or et de pierres précieuses. Des flots de brocart, descendant du faîte d'un immense baldaquin relevé par des crépines d'or et de soie, venaient se dérouler majestueusement sur les gradins du trône. De chaque côté, les grands officiers de la couronne se tenaient debout, la main sur la poignée de l'épée. Un peu en arrière, des gardes à l'armure richement damasquinée s'appuyaient sur leurs hallebardes. Mais ce qui offrait surtout un coup d'œil magnifique, c'était la présence de nobles dames éblouissantes de parures, étincelantes de diamants, et la plupart dans toute la fraîcheur de la jeunesse, dans tout

l'éclat de la beauté. A leurs pieds se tenaient im-
mobiles, avec tout le sérieux que l'on peut exiger
d'un page, les enfants des plus illustres familles de
la Bourgogne, tous dans ce costume si pittoresque
dont sans doute vous avez entendu parler, ou que
vous avez pu voir sur d'antiques tentures... Enfin,
pour donner à cette imposante cérémonie toute la
pompe possible, le plus profond silence régnait au
sein de cette assemblée, où presque toutes les illus-
trations de la France et de la Bourgogne étaient
réunies.

Les ambassadeurs venaient de s'incliner profondément... l'étiquette exigeait que le duc répondît
à cet hommage en faisant mine de se lever de
son trône... Après une pause de quelques instants, Regnault de Chartres, archevêque de Reims,
en simarre violette sur laquelle flottait une aube
de dentelle à fleurs du travail le plus exquis, fit
quelques pas, salua derechef profondément le duc,
puis d'un ton digne, lent et solennel, «exposa d'a-
» bord moult saigement le noble choix qu'avoit fait
» le roi pour le représenter, et comme quoi la fleur
» de la chevalerie et plusieurs grands personnages
» estoient là présents... Puis ledit archevêque re-
» monstra le vrai désir que son maître avoit de faire
» la paix... à tel point qu'il faisait offre de répa-
» rations plus qu'à magesté royale n'apartenoit...
» et surtout s'excusoit par sa jeunesse de l'homicide
» jadis perpetré (commis) en la personne de feu le
» duc Jehan, duc de Bourgogne, alléguant qu'alors
» il estoit entouré de gens qui point n'avoient égard

» et considération au bien du royaulme... Enfin
» l'archevêque termina en renouvelant les protesta-
» tions d'amitié de la part du roi de France, et l'ex-
» trême désir qu'avait ce monarque de conclure une
» paix solide avec son voisin, haut et puissant prince,
» duc de Bourgogne. » (*Monstrelet.*)

On ne pouvait faire entendre un langage plus
adroit, plus conciliant, plus pacifique: aussi le duc,
qui mieux que personne en comprenait toute la
portée, fut-il grandement flatté, surtout en voyant
que de telles avances lui étaient faites par un roi
de France. Il accueillit surtout avec la plus vive satisfaction la justification du seigneur archevêque à
l'endroit du meurtre du duc Jehan. C'était un
point scabreux à toucher, mais dont le prélat s'é-
tait tiré avec un art infini. Toujours est-il qu'à
peine celui-ci avait terminé sa harangue, que le
premier ministre du duc prenant la parole avec
dignité, répondit : « Monseigneur et son conseil ont
» bien ouy ce que vous avez dit : il aura sur ce ad-
» vis, et vous fera response dedans briefs jours. »
(*Monstrelet.*)

Le même cérémonial qui avait été suivi pour
l'introduction des ambassadeurs, fut observé lorsqu'ils prirent congé du duc. En résumé, tout se
passa avec la plus exquise courtoisie; il était facile
de juger qu'un rapprochement était grandement
désiré par les deux princes, et que le peuple le désirait peut-être encore davantage... Et, en effet, dit
un choniqueur : « tous les états du pays étoient
» très désireux que la paix se fist, au point que, bien

» qu'il n'y eust encore paix ni trève, ceulx du moyen
» et du bas estat vinrent en ladite ville d'Arras, de-
» vers le chancelier de France impétrer rémissions,
» lettres de grâce, offices, etc., comme si le roy de
» France fust pleinement en sa seigneurie, lesquels
» ils obtinrent dudit chancelier. »

Toujours est-il que par suite de cette ambassade,
le duc de Bourgogne et ceux de son conseil privé
restèrent plusieurs jours en grande délibération,
« et furent les besongnes entre icelles parties moult
» approchées. » (*Monstrelet.*) Ce qui n'empêchait
pas la guerre avec toutes ses misères d'aller son
train. On négociait, à la vérité; mais, fidèle au
proverbe, pour obtenir la paix, on se préparait
à la guerre. Bref, on se tuait à qui mieux mieux en
attendant qu'on fût las de ce jeu de cannibales.

Cependant la ville et le château de Creil, bien
que défendus vaillamment par le sire Lyonnel de
Bournonville, venaient d'être pris de vive force par
les Français, qui par là se trouvèrent maîtres d'un
second passage sur l'Oise. Ils en profitèrent pour
faire, sous la conduite de La Hire et de Xaintrailles,
une pointe jusque dans la Normandie. Le sire de
Longueval, dépouillé injustement de son manoir
par les Anglais, prit alors sa revanche en surprenant,
par la trahison d'un moine avec lequel il entretenait des intelligences, la forteresse d'Aumale. Toute
la garnison, composée en grande partie d'Anglais,
fut impitoyablement passée au fil de l'épée, et les
habitants qui avaient suivi la cause du parti ennemi
furent trop heureux de pouvoir se racheter à prix
d'argent.

Dans le même temps, la forteresse de Torcy, située à quelques lieues de Dieppe, « fust prinse par » le moyen d'aulcuns du pays qui s'y étoient retirés » avec les Anglois, qu'ils trahirent et livrèrent. » Estrepagny, autre forteresse défendue par le sire de Rambures, fut ensuite enlevée d'assaut. Enfin Château-Gaillard, non loin des rives de la Seine, ressemblant à un nid d'aigle au sommet d'un roc escarpé, tomba également au pouvoir des Français. Ce fut vraiment un beau fait d'armes : La Hire, le brave La Hire, suivi d'une troupe d'élite, ayant traversé le fleuve pendant une nuit obscure, vint de grand matin flanquer de maintes échelles le roc ardu. Gravir à son sommet, s'emparer de la forteresse, passer la garnison au fil de l'épée (le gouverneur eut seul la vie sauve), fut l'affaire d'un instant. Mais le plus beau trophée de cette victoire, celui auquel La Hire attachait le plus de prix, fut la délivrance du valeureux Barbazan, surnommé, comme un autre Bayard, *le chevalier sans reproche.* Toujours est-il que ce preux, après s'être couvert de gloire au siége de Melun, avait été pris et jeté au fond d'un infect donjon, où il languissait depuis plusieurs années dans une cage de fer (1). Pour l'en tirer, on fut obligé de rompre les barreaux !!! Mais le brave chevalier ayant donné sa pa-

---

(1) « Et fut là trouvé enferré,
  » Dans une fosse, Barbazan,
  » Où neuf ans avait demouré... »

Martial de Paris. (Vigiles de la mort
du roi Charles le septiesme.)

role au gouverneur, ne voulut jamais sortir... Il fallut courir après le capitaine anglais, qui revint et
leva les scrupules du trop loyal Barbazan. Le noble
guerrier se hâta d'aller déposer son épée au pied de
son roi, qui se réjouit fort de retrouver un ser-
viteur qu'il croyait à jamais perdu.

Appelé depuis longtemps par les vœux d'une
population fidèle, Charles se rendit alors à Compiègne, où il fut reçu avec un enthousiasme impossible à décrire. Il donna le gouvernement de la
ville à Guillaume de Flavy, guerrier célèbre par sa
vaillance, ses folles orgies, ses amours inconstantes,
et plus encore par une effroyable catastrophe où
il ne fut que trop soupçonné d'avoir trempé. Mais
n'anticipons pas sur les événements.

Cependant Regnault de Chartres et ceux qui
l'avaient accompagné auprès du duc de Bourgogne,
s'en vinrent rejoindre le roi à Compiègne, et lui
rendre compte de l'issu des négociations. Malgré de
longs pourparlers, rien n'avait été conclu; seulement le duc avait promis d'envoyer une ambassade
au monarque français pour s'entendre avec lui et
mener l'affaire à bien, s'il était possible. Toutefois
l'archevêque ajouta qu'il avait de fortes raisons pour
penser que le conseil du duc de Bourgogne désirait
fort la paix, et qu'elle aurait été conclue sans les
intrigues du duc de Bedford, qui avait envoyé secrètement Jean de Tourcy, évêque de Tournay, et le
sire Hue de Launoy, pour traverser par tous les
moyens possibles les négociations entamées. Ce qui
n'empêcha pas que plus tard le duc n'envoyât auprès

du roi, Jean de Luxembourg, l'évêque d'Arras,
messire David de Brimeu, « et aulcunes aultres no-
» tables et discrètes personnes qui tout en faisant de
» belles promesses de paix, ne firent rien... si ce
» n'est qu'ils réussirent à gagner du temps et à se
» décevoir de part et d'autre... » De tout cela on
peut conclure : rien de nouveau sous le soleil.

CHAPITRE IV.

Bien d'autrui ne désireras, quand bien
même ce ne serait que la mule d'un prélat, surtout quand un ministre est l'en-
tremetteur...

Cependant le connétable, dont le cœur magna-
nime s'irritait de l'inaction où le retenait la disgrâce
du roi, le connétable qui ne pouvait voir de sang-
froid tant de guerriers français se couvrir de gloire,
tandis qu'il consumait ses jours dans l'obscurité,
le connétable Artus, comte de Richemont, ne
maîtrisait plus son désespoir. Au risque de s'attirer
encore plus le courroux de son seigneur et maître
le roi de France, il venait de quitter, bannière dé-
ployée et suivi de ses nombreux vassaux, il venait
de quitter sa retraite de Parthenay, et, après avoir
traversé la Loire à la barbe des Anglais, s'était
emparé des châteaux de Galerande, de Rameford,
et de l'importante forteresse de Malicorne.

D'un autre côté, un valeureux guerrier breton, le
sire de Ferbourg, s'était emparé de Bons-Moulins.
Enfin Jean d'Amange, et Henry de Villeblanche,
dont la bravoure égalait l'audace, avaient concerté
un projet aventureux et digne de ces temps-là. S'é-
tant rendus avec quelques uns des leurs à Saint-

Celerin, forteresse démantelée par les Anglais, ils en relevèrent à la hâte les murailles, et s'y enfermèrent, bien résolus de mourir s'il le fallait pour défendre ce monceau de ruines. Quelques jours s'étaient à peine écoulés, et cette poignée de guerriers était aux prises avec les ennemis. Mais que ne peut le courage? « Jean d'Amange, Henry de » Villeblanche et leurs gens, se défendirent si vail- » lamment qu'ils demeurèrent les maîtres en icelle » place, et que les Anglois s'en retournèrent hon- » teusement sans avoir rien pu gaigner. »

Cependant le connétable s'avançait toujours. Il était au cœur de la Normandie avec une armée peu nombreuse, mais redoutable par le courage de ses guerriers. Le régent anglais, pour lui tenir tête, ne crut pouvoir mieux faire, après avoir laissé à Paris Louis de Luxembourg, évêque de Thérouenne, et chancelier de France *pour le monarque anglais*, les sires de Ratelet et de Morhier avec quelque deux mille hommes, d'accourir en toute hâte au secours de cette province menacée de tous côtés.

Le roi n'eut pas plus tôt appris le départ du régent, qu'il jugea, d'après l'avis de son conseil que le moment était opportun pour se rapprocher de Paris.

Toujours est-il qu'au moment où Jeanne allait monter à cheval pour suivre le monarque, un guerrier tout poudreux, dont le coursier haletant disait assez que le cavalier avait fait grande diligence, arrivait à l'huis de la royale demeure.

— Chevaliers! où pourrai-je trouver Jeanne la Pucelle? demanda-t-il tout d'abord à la foule des hommes d'armes?

— Jeanne la Pucelle, répondit aussitôt une voix enfantine, elle n'est pas loin.

Et un jeune page, c'était Louis de Contes, se dispose à conduire l'étranger devant la noble héroïne.

Mais soudain des voix confuses se font entendre, et des groupes menaçants se forment autour de l'inconnu.

— Que veut ce guerrier? s'écrie-t-on de toutes part... De quel droit ose-t-il demander à parler à la Pucelle? qui l'envoie vers elle? que lui veut-il?

— Chevaliers, répond avec sang-froid l'étranger qui se contraint à peine, blessé qu'il est d'une pareille réception, chevaliers, je viens ici de la part de Jean, comte d'Armagnac, dont je suis l'écuyer, porter à Jeanne les lettres que voici, que je ne dois remettre qu'à elle seule, et dont je dois attendre la réponse pour repartir.

Mais, à ces mots, le tumulte, loin de se calmer, redouble encore.

— Eh! qu'a de commun votre maître avec Jeanne? s'écrie-t-on de toutes parts. Est-il donc séant qu'une jeune fille reçoive ainsi le premier venu? Votre maître est peu courtois de l'ignorer. Retournez, retournez vers lui, et dites lui ça de notre part.

— Mon maître est aussi courtois que chevalier

au monde, répond l'étranger indigné, et dans une autre circonstance je vous l'apprendrais. Mais trève de paroles inutiles, cela est bon pour des femmes. Il ne s'agit maintenant que de me conduire devant Jeanne.

— Non, de par Dieu! on ne vous y conduira pas, s'écrient insolemment une multitude de voix.

— Chevaliers, reprend alors l'inconnu en mettant la main sur la poignée de son épée, chevaliers! vous me conduirez vers Jeanne la Pucelle ou vous m'en rendrez raison.

— Ah! ah! le seigneur écuyer qui voudrait faire le méchant!

Et soudain de grands éclats de rire, des huées, des sarcasmes ont accueilli ce lazzi.

Le gant était jeté; ne pas le ramasser avec la pointe de l'épée eût été une lâcheté. C'est assez dire que, tout écumant de rage, le noble écuyer a pressé les flancs de son coursier, et s'est venu heurter avec furie contre celui des chevaliers français qui paraissait le plus se laisser aller à ses rires ironiques.

Mais celui-ci, brandissant sa lance, s'écrie :

— Au large, monsieur l'écuyer, au large, sinon...

— Je ne vous crains pas et je vous défie, répond soudain avec fierté l'étranger qui touchait presque la visière de son adversaire.

— Parlez d'un peu plus loin, monsieur l'écuyer, et croyez-moi, allez dire à votre *illustre* maître, le sire d'Armagnac, que Jeanne n'est pas encore levée.

— Oui, oui, dépêchez-vous de vider de céans, font en chorus plusieurs guerriers.

— A moins, s'écrie une voix....

— A moins! réplique l'inconnu en se tournant vivement vers l'interlocuteur.

— A moins, ajoute celui-ci d'un air insultant, à moins que vous n'aimiez mieux, monsieur l'écuyer, aller faire un tour dans la rivière; cela vous rafraîchirait vous et votre pauvre monture (1).

— Ah! l'on m'avait dit jusqu'alors que les chevaliers français étaient les plus courtois qui se pussent voir, mais je vois bien que l'on m'a trompé, s'écrie l'étranger, en frémissant de rage. Oui, l'on m'a trompé, et je tiens pour certain que...

— Au large! au large! répètent une multitude de voix, au large! laissez-nous en repos, vous et votre sire d'Armagnac.

Fort heureusement Jeanne, avertie par son jeune page qu'un guerrier était là qui demandait à lui parler, s'était hâtée de descendre et d'accourir. Il n'y avait pas de temps à perdre; car, au point où en étaient les choses, il est assez vraisemblable que l'écuyer allait mal passer son temps.

— Or sus, chevaliers! qu'est-il donc arrivé? s'écrie l'héroïne en se jetant au plus fort de la mêlée. Que signifie tout ce tumulte? Etes-vous donc aux prises

(1) L'histoire dit positivement que les Français repoussèrent brutalement ce messager, et le menacèrent, s'il tardait à s'éloigner, de le jeter à la rivière. (Déclaration de la Pucelle, interrogatoire du 1er mars 1430.)

avec les Anglais pour brandir ainsi vos lances et mettre flamberge au vent. Çà, voyons, de quoi s'agit-il?

— Pardi, s'écrie d'un ton ironique un des guerriers français, vous venez bien à point, pour répondre à cet étranger. Pour Dieu! dépêchez-vous, noble Pucelle, car le sire paraît moult pressé.

— Un étranger, dites-vous? eh bien! il faut le recevoir avec courtoisie. Çà, où est-il? Ah! soyez le bien-venu, seigneur chevalier, s'écrie Jeanne, qui vient d'apercevoir celui-ci. Approchez, que me voulez-vous? c'est moi qui suis Jeanne la Pucelle.

— Salut! noble héroïne, salut! répond l'étranger en portant respectueusement sa main garnie du gantelet à la visière de son casque.

— Parlez, que me voulez-vous?

— C'est le comte d'Armagnac, mon maître, qui m'envoie. Voici les lettres que je suis chargé de vous remettre de sa part. Voyez, elles portent le sceau de son noble blason.

Et Jeanne a reçu les mystérieuses missives, qu'elle a déposées dans son sein. Puis s'adressant à Louis de Contes :

— Restez, mon page, auprès de ce guerrier. Veillez à ce qu'il ne manque de rien, et pour le distraire devisez avec lui gais et joyeux propos.

Puis se tournant vers l'étranger :

— Au revoir, chevalier; dans peu je suis à vous.

Et en disant ces mots, l'héroïne s'est dirigée vers son logis, afin de prendre conseil de son aumônier. Car alors c'étaient les gens d'église qui faisaient réponse aux lettres que recevaient les gens de guerre.

Toujours est-il que le vénérable aumônier, frère Jean Pasquerel, fit lecture de la lettre du comte d'Armagnac. Quant à son contenu, cette missive étant toute confidentielle, nous n'en dirons rien; seulement le lecteur saura que le comte donnait à Jeanne le titre de *sa très chière dame*, et qu'il terminait en se disant *le tout vostre, comte d'Armignac*. Ce qui vraiment n'était pas peu de chose, par le temps qui courait.

Quoi qu'il en soit, celle-ci dicta à la hâte au seigneur aumônier la réponse suivante :

«Jhesus † Maria.

» Comte d'Armignac, mon très chier et bon ami, » Jehanne la Pucelle vous fait savoir que votre mes- » sage lui est parvenu, par lequel vous désiriez » savoir (1).…. »

Ce que le lecteur, trop courtois pour violer le secret des lettres, ne consentirait jamais qu'on lui

---

(1) Les originaux de ces deux lettres n'existent plus, et il est bien vraisemblable que les *copies* que l'on en a, et qui sont rapportées dans les grosses du procès de condamnation, sont altérées, et l'ont été par des *scribes* dévoués aux Anglais. Telle est aussi l'opinion de M. Lebrun des Charmettes. Au reste, même en admettant comme véritable le contenu de ces deux lettres, tel qu'il est rapporté, il est bien difficile, pour ne pas dire impossible, de donner une solution satisfaisante des questions qui y sont agitées, et auxquelles Jeanne ne pouvait et ne devait pas répondre, à moins qu'elle ne fût inspirée... Bien des choses sont encore et seront toujours un mystère dans les fastes de Jeanne.

divulguât; seulement nous dirons que Jeanne en terminant *recommandait le comte à Dieu;* ce qui est vraiment le plus beau souhait qu'on puisse faire à un chrétien. Puis elle remit elle-même sa lettre au guerrier étranger, qui prit congé de l'héroïne avec tout le respect qu'on accordait en ce temps-là aux dames du plus haut parage.

Laissons-le galoper vers les heureuses contrées du Midi, et reprenons avec celle-ci le chemin de Senlis, où le roi entra sans coup férir, et fut reçu à grand honneur.

Pendant le séjour de Jeanne dans cette ville, eut lieu une certaine aventure qui peint assez bien les mœurs de l'époque. Depuis quelque temps l'héroïne désirait beaucoup avoir un coursier plus vigoureux et plus en état de supporter les fatigues de la guerre que celui qu'elle montait habituellement... Elle en dit deux mots à La Trémouille, ministre tout-puissant... Celui-ci, qui n'aimait pas Jeanne, et qui avait quelque vengeance à exercer sur l'évêque de Senlis, n'imagina rien de mieux pour mettre la Pucelle dans une fausse posision et se venger du prélat, que de faire saisir la haquenée favorite de celui-ci et de l'envoyer à la jeune guerrière. Toutefois *le bon* ministre avait eu soin de colorer d'un certain vernis d'équité cette espèce d'imposition de guerre, en faisant remettre au seigneur évêque *un bon billet* de 200 saluts d'or.

La monture du prélat, on le devine sans peine, ne pouvait convenir à Jeanne... L'animal n'était pas

du tout habitué au rigoureux régime des camps.
De plus l'héroïne apprit bientôt que l'évêque
était fort mécontent. C'était plus qu'il n'en fallait pour que celle-ci ne consentît jamais à s'ap-
proprier la haquenée. La jeune amazone fit donc
écrire au prélat, « qu'il réaurait sa monture s'il
» voulait ; qu'au demeurant, elle ne valait rien
» pour souffrir peine... » Et, en effet, Jeanne renvoya la bête chevaline au sire de La Trémouille,
pour la rendre à qui de droit... Toutefois l'histoire
ne dit pas que le ministre eût jamais remis à
l'évêque ni haquenée ni saluts d'or (1).

Quelques jours après cette plaisante aventure,
dont tout l'honneur revient de droit au sire de La
Trémouille, le duc de Bar, ainsi que les damoiseaux
de La Marche et de Rodenat, vinrent rejoindre le
roi à Senlis. Les sires de Moy et de Montmorency,
qu'il faut toujours citer partout où il y a de l'honneur à recueillir, vinrent également se ranger sous
l'antique bannière des lis.

En présence de si grands exemples, les populations ne pouvaient rester indifférentes : aussi n'était-
il besoin aux hérauts de Charles que de se montrer
pour que les villes ouvrissent à l'envi leurs portes.
Pont-Saint-Maxence, Choisy, Gournay-sur-
Aronde, Rémy-le-Neufville, Moynay, Chantilly,
Sainctrines, et beaucoup d'autres furent de ce

(1) C'est du moins l'opinion de Jeanne, dans son interrogatoire
du 14 mars 1430... Dans tous les cas, nous nous abstiendrons de
citer ici la réflexion peu obligeante de M. Lebrun des Charmettes.
(Tome II, page 393.)

nombre. On dit même que des députations des cités de Saint-Quentin , Corbie, Amiens, Abbeville, et de plusieurs places fortes et castels., vinrent aussi déposer leur hommage aux pieds du monarque français. « Toutefois il ne fut pas conseillé au roi » d'aller si avant sur les marches (les frontières) du » duc de Bourgogne. »

CHAPITRE V.

Une femme *omnibus* est une selle à
toute bête...

Une vieille qui joue la femme sensible
ne ressemble pas mal à une chèvre boi-
teuse qui veut gambader autour d'un
bouc...

Dans ces conjonctures favorables, le roi résolut
de faire une tentative sur Paris. De puissants motifs
donnaient beaucoup à espérer que cette entreprise
réussirait. Depuis longtemps on entretenait au sein
de la capitale des intelligences secrètes avec des
gens très haut placés. D'ailleurs, on avait tout lieu
de penser que l'exemple de tant de cités qui s'étaient
empressées de reconnaître le sceptre légitime, serait imité par les habitants de celle-ci, depuis si longtemps habitués au joug paternel des descendants
de saint Louis ; et puis l'inaction du duc de Bourgogne, et plus que tout cela l'éloignement du duc
de Bedford, devaient faire augurer que l'entreprise
du monarque français serait couronnée du plus
heureux succès.

Toujours est-il que l'armée venait de quitter
Senlis, et s'était avancée jusqu'aux portes de cette
cité sainte (1), dépositaire fidèle, depuis tant de siè-

(1) Saint-Denis.

cles, des dépouilles sacrées de cent rois. Là dormaient dans la poussière du cercueil tous les aïeux de Charles. Du fond de leurs tombeaux ils s'étaient émus au bruit de sa marche triomphante ; à la vue de l'antique labarum de France, ils avaient tressailli d'une sainte joie, et secouant leurs linceuls funèbres, ils s'étaient levés pour féliciter leur royal descendant. . . . .

. . . .

— Viens, ô mon fils ! s'était écrié Philippe-Auguste, marche sans crainte à l'ombre du drapeau de Bovines. Suivi de tes barons, viens régner sur tes Francs. Tu es sans reproche ; c'est assez dire que tu es le légitime souverain, qu'à toi appartient le trône de saint Louis. Va donc chasser l'étranger... L'étranger !!! Ah ! son odieuse présence est une honte pour la France... Oui, hâte-toi d'accomplir la sainte mission que le ciel t'a confiée. Nous avons les yeux sur toi. Nous faisons tous des vœux pour le succès de ta juste cause. Et, du haut du céleste empire, Dieu te voit, Dieu te protège.

A cette voix solennelle, Charles, saisi de respect, s'incline, et dans l'instant se réalise l'accomplissement de ces prophétiques paroles.

Des députés de Saint-Denis venaient d'arriver et s'étaient précipités aux pieds du roi en versant des larmes de joie. Bientôt parut la population entière : elle s'était portée par un mouvement spontanée et en faisant retentir l'air de mille cris d'allégresse, au-devant du souverain légitime. Charles, vivement ému, lève ses mains royales vers le ciel... Il semble vouloir presser sur son cœur cette foule fidèle. Ce sont ses enfants qu'il revoit. « Et, dit une chroni- » que, après que se fut soumise la ville de Saint- » Denis, les François s'avancèrent jusques aux por- » tes de Paris, et n'osoient les habitants sortir pour » vendanger vigne ou verjus, ni aller aux champs » rien cueillir. »

Toujours est-il que l'effroi était dans Paris, courbé honteusement sous le joug humiliant des hallebardes anglaises. En pareilles circonstances, les gouvernements usurpateurs révèlent leur fai- blesse par des mesures désastreuses, ou tout au moins ridicules. Elles ne se firent point attendre. Tout ce qui tenait au parti anglais, soit par la peur, soit par l'intérêt, soit par tout autre motif, fut convoqué au parlement. Là on renouvela les serments régicides que l'on avait déjà prêtés à l'usurpateur anglais (1). C'est assez dire que *mes- sire Charles de Valois* (c'est ainsi que cette bande d'intrus qualifiait le souverain légitime) fut mis, comme on dirait aujourd'hui, hors la loi.

Pauvre ressource, vraiment, pour combattre un souverain légitime; car *messire Charles de Valois*, sans s'inquiéter le moins du monde des ridicules protestations de ses sujets en délire, s'empressa d'al- ler rendre de solennelles actions de grâces à Dieu et à saint Denis, l'apôtre vénéré des Gaules. Puis, fidèle à l'antique usage de ses aïeux, Charles déposa pieusement sur la tombe des saints apôtres (2) de

(1) Historique.
(2) Saint Denis, saint Rustique et saint Éleutère

riches offrandes, gages éclatants de la générosité du monarque français.

En présence de ces pompes d'une religion divine et de ce touchant hommage d'un prince de la terre à la céleste majesté, Jeanne, agenouillée quelques pas derrière le roi, se faisait remarquer par sa piété, son recueillement, et surtout par ses larmes. On aurait dit, à la voir, que de sinistres pressentiments l'avertissaient *que son heure approchait*, qu'elle n'avait plus que bien peu de jours à passer à l'ombre du diadème. Noble infortunée! qui ne voit que tout était inspiration chez toi?

La foule était grande, ce jour-là, sous les parvis sacrés. On se pressait, on s'étouffait presque pour contempler un instant la jeune bergère de Domremy. Le peuple ne pouvait se rassasier de la voir; des dames du plus haut rang accouraient sur son passage. Heureuses celles qui pouvaient seulement toucher son armure, son écharpe, ses anneaux, et surtout ses mains. Dans tout autre pays, à toute autre époque, de telles démonstrations auraient pu passer pour de l'idolâtrie; mais alors il n'en pouvait être ainsi. Tous les sentiments qu'inspirait Jeanne étaient purs comme elle.

Une femme du peuple que le ciel venait de rendre mère, ayant entendu parler des prodiges de la sainte héroïne, demanda comme une grâce que celle-ci tînt sur les fonts un petit nouveau-né. Jeanne y consentit. Elle suivait en cela l'inspiration du ciel, qui voulait que celle qui était trop pure pour sacrifier sur les autels de l'hymen pût au moins être mère par une sainte affinité, consacrée par l'auguste cérémonie du baptême.

Au milieu des enivrements de la victoire, l'armée de Charles se relâchait beaucoup de cette sévère discipline à laquelle peut-être, autant qu'à l'héroïne, les armes du roi étaient redevables de tant de succès inespérés. La licence des soldats, et, le dirons-nous? celle des chefs, était portée à son comble. La plus honteuse débauche marchait tête levée. Ce n'était plus dans l'ombre, c'était ouvertement que les impudiques déesses des plus sales repaires célébraient, comme d'autres bacchantes toutes fumantes des étreintes de leur dieu, leurs bruyantes orgies. Des femmes, on regrette d'être obligé de leur donner encore ce nom, des femmes à peine sorties de l'enfance se faisaient remarquer par le cynisme le plus révoltant. C'est assez dire qu'elles ne rougissaient pas; ou plutôt tenaient à honneur d'accorder leurs faveurs aux premiers chefs de l'armée.

Déjà, plusieurs fois, Jeanne avait témoigné hautement l'horreur que lui inspirait ces honteux écarts. Déjà plusieurs fois ces coupables excès avaient excité son indignation. Le croirait-on, pourtant? on aurait dit que les chefs ne s'abandonnaient avec tant d'entraînement au vice, et surtout ne le toléraient avec une si coupable indifférence chez les soldats, que dans le but perfide de faire méconnaître l'autorité de la chaste héroïne. Car, il faut bien le dire, une basse jalousie animait toujours contre elle les principaux chefs de l'armée.

Toujours est-il que, malgré la sévère leçon que Jeanne avait donnée à la bohémienne Praganita, malgré la défense formelle qu'elle lui avait faite de reparaître au camp, celle-ci, grâce à ses déguisements, grâce aux ombres de la nuit si favorables aux folles amours, n'en fréquentait pas moins les soldoyers. Un de ceux-ci, nommé Francesco, était tendrement aimé de cette femme ; car Francesco était vraiment un beau jeune homme, grand, bien tourné, l'air au vent, joyeux, dispos, toujours prêt à la *besogne ;* en un mot, aussi brave en amour que devant les Anglais. C'eût été d'honneur un vrai trésor que Francesco pour une jeune fillette ; mais pour une bohémienne, pour l'insatiable et dévorante Praganita, c'était de l'or, plus que de l'or, ou plutôt une perle devant un pourceau : aussi la bonne pièce ne s'en faisait-elle pas faute, et savait-elle mettre à profit, la nuit, le jour, *le bon vouloir* du jeune et beau soldoyer. Toutefois, mal leur en prit un jour, à l'un et à l'autre, de se *féter* sans faire le guet.

Jeanne ne passait guère de jour sans sortir de la ville pour aller visiter, de compagnie avec quelques chefs, le camp qui s'étendait au loin sur une vaste bruyère. Un soir, qu'après l'avoir traversé, elle s'en revenait, elle avisa dans des broussailles quelque chose qui ressemblait fort à un soldoyer. Près de lui était une femme ; l'un et l'autre avaient bien l'air... de se cacher. Piquer des deux, se diriger vers le couple amoureux, fut l'affaire d'un clin d'œil de la part de l'héroïne, qui se contenait à peine à la vue de ce spectacle de dissolution.

Transportée d'indignation, Jeanne vient de faire blanc de son épée. C'est assez dire qu'elle a reconnu Praganita la bohémienne, cette femme perdue de mœurs, et d'autant plus coupable que la jeune amazone l'avait déjà, comme on sait, admonestée assez vertement, et surtout lui avait interdit formellement de fréquenter le camp, et d'entretenir aucune relation avec les soldoyers. Il faut en convenir, Praganita était coupable, doublement coupable; Praganita méritait une sévère leçon.

— Ah! maudite ribaude, s'écrie Jeanne en la frappant du plat de l'épée, maudite ribaude, je t'y prends, toi à qui j'avais défendu de t'accointer de nos hommes d'armes. Au large! gibier du diable! tison d'enfer! au large! Et toi, soldoyer! as-tu donc oublié la défense du roi, notre seigneur et maître? Sus! sus! debout, qu'on rentre bien vite au camp... Et la chaste héroïne, transportée d'une sainte colère, d'assaisonner de gestes fort expressifs son beau sermon, et, d'un bras vigoureux, de frapper les deux coupables de façon à leur démantibuler l'omoplate. Mal lui en prit pourtant de frapper si dru et si fort. Par une inconcevable fatalité, cette bonne épée, qui avait résisté à de si rudes chocs, à de si terribles épreuves, avec laquelle Jeanne avait donné de si *bonnes buffes,* de si *bons torchons* (1) aux Anglais, cette bonne épée venait de se rompre tout net sur les épaules meurtries des deux coupables.

A ce sinistre présage, Jeanne jette un cri d'effroi;

(1) C'est l'expression dont se sert Jeanne dans son interrogatoire.

et, sautant prestement à bas de son coursier, se
hâte de ramasser les éclats de cette arme divine.
Car, hélas ! c'était cette épée mystérieuse qu'une
céleste vision lui avait indiquée ; c'était cette épée
qu'elle avait envoyé querir dans l'église de Sainte-
Catherine-de-Fierbois ; c'était cette même épée
qui devait chasser les Anglais de la France, et à laquelle, comme un autre palladium, était peut-
être attaché le salut de la jeune amazone.

Tandis que Jeanne versait des larmes sur son
malheur, les deux coupables avaient disparu dans
la bruyère. Non toutefois, et la bohémienne surtout, sans maugréer et sans maudire mille et
mille fois, selon sa louable coutume, toutes les pucelles passées, présentes et à venir.

Cependant l'héroïne venait de ramasser avec
un soin minutieux tous les tronçons de son
épée, de cette arme, dont elle sentait d'autant
plus le prix qu'elle craignait que la perte n'en fût
irréparable. Hélas ! elle ne se trompait pas. De retour à son logis, elle en acquit la triste certitude.
S'étant empressée de faire appeler les plus habiles
ouvriers de l'endroit pour aviser aux moyens de
la raccommoder, ceux-ci, quoi qu'ils fissent,
n'en purent jamais venir à bout. Comme un autre
talisman, cette arme, une fois brisée, ne pouvait
plus revivre. Le charme était détruit. Bien plus,
ils ne purent jamais, quelque grand feu qu'ils
fissent, parvenir à fondre les tronçons de cette
arme mystérieuse. Il fallut donc se résigner et
chercher une autre épée.

Jeanne était désespérée. Le roi lui-même, ayant appris ce malheur, en fut fort contrarié. Toujours est-il que, ayant fait mander la Pucelle, il lui dit : « qu'elle aurait dû plutôt avoir prins ung bon baston » pour frapper dessus les coupables, sans sacrifier » ainsi ceste espée qui lui estoit venue divinement. » Certes ! le roi avait bien raison ; mais les bonnes raisons du sire ne consolaient pas l'héroïne, et surtout ne raccommodaient pas son épée (1).

Un autre regret non moins cuisant se joignait encore à la mésaventure de Jeanne. En effet, celle-ci, jusque là si douce, si patiente, si indulgente pour les autres, si humaine pour ses ennemis, éprouvait un vif repentir de s'être ainsi laissée aller à la colère jusqu'à frapper un soldoyer et surtout une femme, dont elle aurait peut-être mieux fait, sinon d'excuser, au moins de tenir secrets les débordements : aussi la perte de son épée fut-elle toujours considérée depuis par la jeune inspirée comme un juste châtiment, comme un secret avertissement du ciel (2).

D'un autre côté, si l'on se reporte à cette époque du moyen âge, où tout était interprété d'une manière surnaturelle, on comprendra qu'il était impossible que la multitude, le peuple (et alors tout

(1) Tous ces détails sont historiques.

(2) Ce qui le prouve, c'est que Jeanne ne voulut jamais s'expliquer devant ses juges sur ce qu'était devenue cette épée, dont l'existence problématique était encore pour les Anglais un sujet d'inquiétude, même après que l'infortunée héroïne fut tombée en leur pouvoir.

le monde était peuple sous ce rapport), ne considérât cet accident comme un présage du plus funeste augure, non seulement pour Jeanne, mais encore pour la France, que l'héroïne résumait alors à elle seule, en quelque sorte. Cet événement pouvait surtout exercer la plus fâcheuse influence sur l'esprit des soldats, peut-être leur enlever cette force morale à laquelle ils étaient redevables, en grande partie, de tous leurs succès. Toujours est-il que, dans cette prévision, le roi et les principaux chefs donnèrent des ordres sévères pour que le fait ne fût pas ébruité. Il fut même défendu sous peine de la hart d'en parler. Cette vigoureuse mesure *du bon plaisir*, que nos mœurs actuelles pourraient taxer d'être quelque peu tyranniques, était empreinte d'une haute sagesse. Il ne s'agissait de rien moins que du salut de la patrie, *salus patriæ suprema lex*... Cela semblerait prouver que le *bon plaisir* n'est pas toujours un mal.

CHAPITRE VI.

Cependant Artus de Merry, prieur de l'abbaye de Saint-Denis, venait de se rendre en grande cérémonie chez le roi. Le seigneur abbé était accompagné de plusieurs notables personnages que la ville de Lagny députait vers Charles pour reconnaître son obéissance. Le monarque les reçut avec bonté, et surtout *fit grand'chière* (grand accueil) *au seigneur abbé*. Puis, se tournant vers le duc d'Alençon, le roi lui ordonna *d'y pourvoir*. Dans le langage du temps, cela voulait dire que le prince chargerait le duc de nommer à tous les emplois de la ville de Lagny. Parmi les *heureux* du jour qui furent *pourvus*, on cite Ambroise de Loré, en qualité de gouverneur, que nous avons déjà vu, et dont plus tard nous aurons encore occasion de parler. Quoi qu'il en soit, les habitants reçurent ledit gouverneur avec de grandes démonstrations de joie, et renouvelèrent entre ses mains le serment de vivre et de mourir pour le souverain légitime. Ceci est de l'histoire... pour ce temps-là.

Il n'en était pas ainsi de Paris; loin d'envoyer des députés au monarque, cette ville faisait tous les préparatifs d'une vigoureuse résistance. Comme on s'était attendu à toute autre chose, il régnait dans le conseil du roi une espèce d'incertitude. On crut alors devoir parlementer, mauvais expédient s'il en fut jamais. En pareil cas, il faut savoir frapper vite et fort, et alors les rebelles sont trop heureux *de crier merci et miséricorde.*

Quoi qu'il en soit, les troupes du roi venaient tous les jours escarmoucher jusqu'aux portes de Paris, dont les habitants, harcelés au-dehors, trompés au-dedans par le parti anglais, qui répandait les plus absurdes, les plus odieux mensonges (1), étaient encore rançonnés impitoyablement par l'ennemi qui soutirait, par tous les moyens, le peu d'argent que le pauvre peuple avait encore dans l'escarcelle. Juste et terrible punition du ciel qui châtiait une ville puissante, assez lâche pour se soumettre au joug avilissant de l'étranger.

Cependant Louis de Contes, ce jeune page dont la destinée semblait liée à celle de Jeanne, venait, par suite de ténébreuses intrigues, de prendre congé d'elle. Cette séparation inexplicable fut cruelle pour tous les deux... Le beau page ne quitta pas sa dame et maîtresse sans verser bien des larmes que la vierge de Domremy récompensa par de doux bai-

---

(1) Les Anglais avaient répandu le bruit que l'intention de Charles de Valois était de faire niveler à la charrue la ville de Paris, etc... *Et quod erat sua intentio redigendi ad aratrum urbem parisiensem,* etc. (Registres du Parlement.) Tout absurde qu'il était, ou plutôt parce qu'il était absurde, cet odieux mensonge obtenait créance.

sers. Quoi qu'il en soit, on ne sut jamais le véritable motif de cette séparation. Mais on peut, mais on doit présumer que la jalousie des chefs n'y fut pas étrangère. La gloire qui brillait au front de Jeanne, cette gloire que ceux-ci répudiaient, en quelque sorte, puisqu'ils s'étaient opposés maintes fois à des entreprises couronnées d'un plein succès, cette gloire impérissable de l'héroïne devait être un pesant fardeau pour eux. Aussi, depuis longtemps et surtout depuis la funeste aventure de cette épée brisée, cherchaient-ils par toutes les trames imaginables d'isoler la jeune amazone, de la condamner pour ainsi dire à ne plus pouvoir être utile. Il est donc assez vraisemblable que la noble famille du beau page, trompée par des récits mensongers, encore envenimés par tout ce que la plus basse jalousie peut inventer, n'ait plus voulu qu'un des siens demeurât attaché à la personne de celle que les méchants et les traîtres avaient depuis longtemps dévouée à une perte certaine. Le fait suivant et tous ceux qui vont se succéder avec une effrayante rapidité ne prouvent que trop ces tristes prévisions.

Toujours est-il que, malgré l'incertitude où l'on était dans le conseil du roi, et bien que Jeanne eût positivement annoncé qu'il fallait rester à Saint-Denis et ne rien entreprendre pour le moment, il fut résolu, sans doute parce que la jeune inspirée était d'un avis contraire, il fut résolu de tenter une espèce d'attaque, de simuler un assaut; et par une bizarrerie infernale, ceux-là même qui affectaient

de mettre toujours de côté l'héroïne, la contraigni-
rent cette fois de faire partie de l'expédition qu'elle
désapprouvait formellement. Un tel caprice, ou plutôt une pareille violence de la part des chefs qui
s'étaient presque toujours opposés aux entreprises
couronnées de succès de l'intrépide bergère, devait
faire soupçonner quelque trame, quelque perfidie...
Ah ! Jeanne ! pauvre jeune fille ! où la haine de tes
ennemis va-t-elle te conduire ? ou plutôt dans quel
abîme une rage furibonde va-t-elle te plonger ?

Quoi qu'il en soit, Jeanne, le duc d'Alençon, les
comtes de Clermont, de Vendôme, de Laval, les
maréchaux de Rayz et de Sainte-Sévère, le sire de
Montmorency, La Hire, Xaintrailles, se dirigèrent
sur Paris ; mais comme on jugeait les abords de la
capitale trop bien défendus du côté des portes
Saint-Denis, Saint-Martin et Montmartre, on se
porta vers le couchant, où l'armée fut rangée en
bataille dans une vaste plaine appelée alors *le marché
aux pourceaux* (1) et aussitôt l'artillerie placée sur
la butte Saint-Roch ou des Moulins commença à
foudroyer les remparts de la cité rebelle.

A cette musique infernale, l'effroi gagna les habitants... On les vit se précipiter tout tremblants
dans les églises... Mais, le croirait-on ? des prêtres
vendus au parti de l'étranger se hâtèrent de monter en chaire et de lancer d'autres foudres non moins
redoutables sur ce peuple aux abois. *Obéissance au
régent, fidélité au roi d'Angleterre : haine à Charles*

(1) Là sont aujourd'hui les rues Traversière-Saint-Honoré, la
petite rue du Rempart, etc., etc.

de Valois, fut le texte de toutes ces prédications furibondes. Or, en ce temps-là, la voix d'un prêtre en chaire était quelque chose. Si bien que les malheureux habitants, encore plus consternés des menaces qu'ils venaient d'entendre que du fracas du canon, se hâtèrent de retourner faire le coup d'arquebusade sur les remparts, dont la garde avait été confiée par le duc de Bedford aux sires de Créquy, de l'Isle-Adam, à Simon de Lalaing, Valérien de Bonneval et autres chefs bourguignons.

Cependant les Français serraient de près les remparts « et avoient commencé à assaillir entre les » portes Saint-Honoré et Saint-Denis; et en assail- » lant, disoient moult de villeines paroles à ceulx » de Paris. » (*Chroniques.*)

Sur ces entrefaites, le sire de Saint-Vallier vint *bouter* le feu à la barrière Saint-Honoré. Ce poste important était défendu par les Anglais; mais il fallut céder à l'impétuosité française... Boulevard et barrière furent emportés; et, au milieu de plusieurs beaux faits d'armes, Jeanne s'empara de l'épée d'un chef anglais. Un vieux chroniqueur rapporte aussi que le sire de Montmorency, pour ses belles prouesses, fut fait chevalier ce jour-là sur le champ de bataille.

Cependant les Français supposant que les assiégés pourraient bien faire une sortie, s'embusquèrent derrière la butte Saint-Roch. « Mais ils attendirent » en vain et perdirent leur peine; ceux de Paris » n'osèrent saillir hors la ville. »

Cette inaction des ennemis contrariait fort le

bouillant courage de Jeanne. « Voyant leur couart
» maintien , elle résolut de les assaillir jusqu'au
» pied de leurs murs. » Or, il est bon de dire que
la courageuse héroïne ignorait que les fossés fussent
défendus par une eau fort profonde, tandis que les
chefs français le savaient bien et n'en disaient rien...
« D'où il appert que ceux-ci eussent désiré par
» envie qu'il fust mescheu (qu'il arrivât malheur) à
» Jeanne. » (*Chroniques.*)

Toujours est-il que vers les deux heures après
midi , celle-ci , suivie seulement de quelques guerriers , descendit bravement dans le premier fossé
qui était à sec. Il n'en était pas ainsi du second ,
une eau profonde et boueuse le défendait. La jeune
héroïne s'aidant alors du bois de sa lance sonda
s'il ne serait pas possible de s'aventurer au sein de
ce marécage infect. Vain espoir ! ! ! Partout l'eau et la
vase auraient englouti des géants... Toutefois les
soldats qui accompagnaient Jeanne profitèrent de
cette périlleuse tentative pour jeter çà et là dans ces
fossés fangeux une grande quantité de fagots et de
menu bois, qui firent comme une espèce de pont
flottant sur lequel il était possible de s'avancer jusqu'aux remparts.

Tant d'audace remplit d'effroi les assiégés. Des
traîtres, des lâches, ou plutôt des misérables qui
étaient l'un et l'autre, désertent alors les remparts
et s'enfuient dans la ville en criant : « Tout est perdu!
» les Français sont là, sauve qui peut ! » Les églises
étaient en ce moment pleines de gens qui enten-
daient vêpres, « et qui, moult épouvantés, se re-

» trahirent (se retirèrent) bien vite en leurs mai-
» sons, et puis fermèrent les huis (les portes)... »
Mais détournons les yeux de ce spectacle dégoûtant
de traîtres, de lâches et de félons; détournons surtout les regards de cette Isabeau de Bavière, cette
reine avilie, cette mère dénaturée, honteusement
cachée au fond de son hôtel Saint-Pol, où elle se
couvre de honte et d'infamie, en faisant cause
commune avec les ennemis de son roi; oui, détournons nos regards de tant d'abjection. Revenons à
nos braves Français; revenons à Jeanne.

Debout sur l'étroit espace qui sépare les deux
fossés, l'héroïne est le point de mire de tous les
traits des assiégés. A ce poste périlleux, elle ne
cesse d'encourager, du geste et de la voix, ses
soldoyers. Elle leur montre son étendard, son
noble étendard, qu'on est toujours sûr de trouver
sur le chemin de l'honneur. De temps en temps
aussi, elle crie aux Anglais qui bordent les remparts :
« Rendez, rendez Paris, sa bonne ville, au roy de
France!!! » Mais des menaces, des imprécations,
d'affreux jurements répondent à la jeune inspirée.

Cependant une voix que l'amazone ne peut
méconnaître, une voix qu'elle a déjà entendue
plusieurs fois dans de solennelles circonstances,
vint frapper son oreille : c'est celle d'un guerrier
placé au faîte des remparts.—Jeanne! Jeanne! s'est-
il écrié derechef, Jeanne, prends garde à toi!!! Et
soudain un trait siffle, fend l'air, et la valeureuse
héroïne est atteinte au pied par le trait homicide.
Le sang coule à grands flots de la blessure. Presque

au même instant, le soldoyer qui porte l'étendard de la jeune guerrière est lui-même atteint d'un second trait « qui le navre à mort. »

A la vue de ce noble sang, la rage des assaillants redouble. Bientôt elle est à son comble. L'assaut devient terrible. On se heurte; on s'appréhende corps à corps avec une furie qui tient du délire. Plus d'un brave a roulé dans la profondeur des fossés, et là se débat convulsivement, en poussant des cris plaintifs, au sein d'une eau toute teinte de sang. Enfin, épuisés par cette lutte à outrance, qui entasse victime sur victime, l'ardeur ou plutôt la rage des combattants se ralentit. Cette soif, cette volupté du carnage semble assouvie. De part et d'autre, on a besoin de repos. Chacun se dispose à rentrer dans son logis. Toutefois, de leurs canons et coulevrines, les Anglais font encore gronder la voix imposante sur les Français qui rentrent dans leurs camps. Ce sont les pulsations de l'artère, même après que le moribond a rendu le dernier soupir.

Où était alors la courageuse amazone! où était-elle? « Forcée par la douleur et par le sang qu'elle » perdait de quitter la place où elle avait si longtemps » encouragé les troupes, elle s'était couchée sur le » gazon, derrière un petit monticule. » (*Villaret.*) Elle était encore là sur le soir, lorsqu'un guerrier français, Richard de Tiebronne, l'avisa.

Soit que les dangers multipliés auxquels plusieurs fois déjà on semblait avoir laissée exposée à dessein cette infortunée, lui eussent enfin ouvert les yeux sur l'infâme perfidie de quelques chefs, soit que

l'échec que l'on venait d'essuyer eût porté le découragement dans son cœur au point de lui faire désirer
de n'y pas survivre, soit tout autre motif secret,
Jeanne, en proie au plus profond désespoir, Jeanne,
toute couverte de sang, de poussière et presque
mourante, refusa de quitter la place où elle était
étendue. En vain Richard de Tiebronne lui fait les
plus pressantes instances; en vain il descend jusqu'aux prières, jusqu'aux supplications; tout est
inutile. Le guerrier est obligé de céder et d'aller
porter au camp la nouvelle du déplorable spectacle
qui vient de s'offrir à ses regards.

Le duc d'Alençon, le seul peut-être de tous les
chefs dont le noble cœur n'avait jamais été souillé
par cette basse jalousie contre Jeanne, le duc d'A-
lençon, qui avait, au contraire, conservé pour cette
jeune héroïne une sincère amitié, fut vivement affligé quand on vint lui annoncer que l'infortunée,
en proie au plus violent désespoir, voulait mourir
sur le champ de bataille témoin de sa vaillance. —
Non, de par Dieu! Jeanne, vous ne trépasserez
point encore aujourd'hui, s'écrie le duc; n'avons-
nous pas encore céans assez de maîtres mires pour
vous reconforter? J'y vais, moi, j'y vais, et par ma
foi! noble Pucelle, je vous ramènerai pour le service
de notre roi.

Et, en prononçant ces généreuses paroles, le
duc, accompagné d'un écuyer et suivi de quelques
gens, s'est élancé sur un coursier, et, piquant des
deux, s'est dirigé vers le lieu de cette scène déplorable.

Les ombres de la nuit , comme un vaste suaire , couvraient alors la terre. Le plus profond silence avait succédé au tumulte effroyable du combat, seulement de temps en temps les faibles gémissements de quelques malheureux blessés errant dans la campagne ou gisant sur le sol humide, en attendant un trépas trop long à venir, interrompaient ce silence de mort... Parfois aussi le sourd murmure d'une froide brise se perdant au sein des cimes élevées de quelques chênes séculaires, semblaient comme les derniers soupirs de ces infortunés guerriers... par intervalle encore, l'oiseau des nuits, le triste nicticorax de son aile grisâtre rasait le sol en faisant entendre un cri lugubre... Au faîte des remparts, le soldoyer, de sa voix rauque et brève, interpellait son camarade... Enfin , dans un lointain immense, brillaient comme mille et mille phares , les feux de la cité rebelle.

Suivi de ses gens , le duc d'Alençon venait de traverser cette scène de désolation, et, en quelque sorte guidé par les plaintes des mourants et les monceaux de cadavres qui gisaient sur le sol , était parvenu sur les bords du fossé fangeux où le combat avait été le plus sanglant, le plus acharné. C'était donc là que devait être Jeanne. Le duc ne se trompait pas : dans l'ombre, il venait d'aviser sur le gazon comme un être animé, et en même temps les accents plaintifs d'une voix qui lui était connue avaient douloureusement frappé son oreille : le généreux guerrier n'était plus qu'à quelques pas de l'infortunée.

— Jeanne , nous venons vous querir , s'écrie-t-il

aussitôt. Vraiment, vous nous faites faute. Ce sang, ce noble sang que j'aperçois, c'est de la gloire. Venez, Jeanne, venez recevoir les félicitations de nos guerriers. Vous avez bien mérité de la patrie et du roi notre seigneur et maître.

— Ah ! noble duc, si la cause du roi, si la cause de la France n'est point perdue, *volentiers* je vous suivrai. Mais las ! suis moult navrée (blessée) !

— Jeanne, mes gens vont vous aider.

Puis s'adressant aux soldoyers :

—Or sus, pied à terre, mes amis, et prêtez votre appui à la noble Pucelle.

Et, dans l'instant, les braves soldoyers ont placé la jeune amazone sur un des coursiers, et, sans perdre de temps, le duc d'Alençon et son escorte ont regagné le camp français.

On était alors fort avant dans la nuit ; l'armée profita de l'obscurité pour se retirer vers la Villette et la Chapelle. Toutefois avant d'opérer cette retraite, elle jugea à propos de brûler ses morts pour en dérober le nombre à l'ennemi. Ce fut alors que les soldats, excités par quelques chefs, firent entendre contre Jeanne d'horribles imprécations. « Et mau- » dirent moult leur Pucelle, qui leur avait promis » que sans nulle faute ils gaigneroient à cet assaut » la ville de Paris. » Quant à la blessure de la jeune héroïne, elle était beaucoup moins grave qu'on ne l'avait cru d'abord... Elle fut bientôt en voie de guérison, sans que maîtres mires eussent besoin de s'en mêler, ou plutôt parce qu'ils ne s'en mêlèrent pas.

L'armée rétrograda les jours suivants jusqu'à Saint-Denis, d'où le roi trompé par de perfides conseils n'avait pas bougé... Toujours est-il qu'il est bien difficile d'expliquer l'inaction de ce prince dans un moment si décisif... N'aurait-il pas été de la plus haute importance que le monarque français, l'olivier de la paix à la main, se montrât à ses sujets égarés ? A la vue du fils de saint Louis, qui pourrait dire de quels généreux sentiments les habitants de Paris n'eussent pas été animés? Qui pourrait assurer que leurs yeux ne se fussent pas alors dessillés ? que leur amour pour que le souverain légitime ne se fût pas réveillé? qu'un regard, un seul regard du prince, de ce Charles de Valois paré de toutes les grâces, de tous les enchantements de la jeunesse, n'eût pas opéré des prodiges ? Sans trop présumer du succès d'une entreprise téméraire sans doute, la place du roi était marquée au milieu de ses guerriers, ou plutôt à côté de cette jeune héroïne qui versait son sang pour lui. Qui peut donc avoir retenu le monarque? D'aucuns ont avancé qu'un ministre dont l'histoire doit taire le nom, avait mis tout en œuvre pour dissuader Charles d'aller prendre la place où l'honneur l'attendait. Quelques siècles plus tard, un Sully l'y eût conduit.

Quoi qu'il en soit, Jeanne éclairée par tout ce qui s'était passé, et surtout par les derniers événements, Jeanne renouvela ses pressantes instances pour obtenir d'aller finir ses jours dans le champêtre séjour qui avait été son berceau, qui avait été témoin des jeux de son enfance. Eh bien ! le croirait-

on ? au lieu d'être accueillie, comme on aurait pu
le croire, cette prière changea soudain ou du moins
parut changer les injustes préventions de l'armée,
et surtout les dispositions de quelques chefs à l'é-
gard de l'héroïne. Non seulement le roi se plut
à faire l'éloge le plus pompeux de celle-ci, mais
encore les lâches ministres qui avaient desservi
Jeanne, ceux-là surtout qui avaient le plus intri-
gué dans le but infernal de l'éloigner, ou plutôt de la perdre, se joignirent à Charles de Valois
pour la conjurer hypocritement de demeurer
encore pour servir la noble cause de la France.
C'est qu'ils connaissaient bien, c'est qu'ils connaissaient mieux que personne, ces perfides con-
seillers, tout ce que valait la jeune inspirée, et surtout ce que son courage sublime pouvait encore
opérer de prodiges... C'est que sur le point de perdre ce palladium de la France, ils en sentaient
tout le prix. « Et fut moult louée la Pucelle du
» bon vouloir et du hardy courage qu'elle avoit
» monstré en assaillant si forte cité et tout bien
» garnie de gens et d'artillerie comme estoit la ville
» de Paris. D'aulcuns disoient encore *que si les*
» *choses se feussent bien conduictes*, il y avoit bien
» grande apparence qu'on eust réussi. »

Jeanne se laissa fléchir; Jeanne resta pour se sacrifier sur l'autel de la patrie, à la cause de son roi.
Toutefois ne pouvant perdre le souvenir des trames
infernales dont elle avait été le jouet, et des injures
atroces dont elle avait été l'objet de la part d'une
soldatesque effrénée, et de quelques chefs, elle

résolut de ne plus tirer l'épée pour des ingrats, pour
des lâches, et en compagnie de guerriers assez
discourtois pour outrager une jeune fille dont tout
le tort était, après cent triomphes, d'avoir été victime un jour de la mauvaise fortune.

Toujours est-il que l'héroïne se rendit avec
le roi et les princes dans l'antique basilique de
Saint-Denis, devant les autels du saint apôtre des
Gaules. Là, après avoir rendu de solennelles actions
de grâces à l'Éternel et à la mère de Dieu, l'auguste
Marie, elle consacra ses armes au saint protecteur de
la France, et les suspendit en *ex voto* à l'une des
colonnes du temple, devant la châsse révérée du
saint martyr. « Ung blanc harnas (1) entier à ung
» homme d'armes avec une épée dont les annelets,
» garnitures et boucles des pendants estoient d'or, »
composaient ce noble et précieux trophée (2).

Cependant le roi ayant assemblé son conseil pour
aviser à ce qu'il était opportun de faire dans les circonstances présentes, il fut décidé qu'on ramène-
rait les troupes vers la Loire. Toutefois un petit
corps d'armée resta dans l'île de France, et le Beau-
voisis, sous le commandement de Charles de Bourbon, comte de Clermont... Le roi pourvut en même

(1) C'est-à-dire une armure complète pour un guerrier.

(2) C'est ce que dit positivement Jeanne dans son interrogatoire
du 27 février et du 17 mars 1430. Jacques Doublet, *Hist. des
Antiquit. de Saint-Denis*, raconte avoir vu et touché maintes fois
l'épée. Depuis, le vandalisme révolutionnaire a honteusement
profané ces reliques précieuses...... C'est assez dire qu'elles ont
disparu.

temps au gouvernement de plusieurs villes qui s'é-
taient rangées sous son obéissance. Ainsi, Ambroise
de Lore eut le commandement de Saint-Denis; le
comte de Vendôme, celui de Senlis; Jacques de Cha-
banes, celui de Creil. Quant au trop célèbre Guillaume de Flavy, il avait été nommé gouverneur de
Compiègne.

Après avoir pris ces dispositions, le roi quitta
Saint-Denis et se rendit successivement à Lagny, où
il passa la Marne, puis à Provins, et à Bray qui lui
ouvrit ses portes. Cette ville était fort importante et
offrait un pont pour traverser la Seine et se porter
sur Sens. Mais par une fatalité dont la guerre offre
plus d'un exemple, cette cité n'imita point le noble
exemple de tant d'autres villes qui avaient reconnu
l'obéissance du roi. Toutefois sans s'inquiéter du
refus de cette cité rebelle, on résolut de passer
outre, et de traverser l'Yonne à gué un peu au-
dessous. De là l'armée se dirigea successivement sur
Courtenay, Château-Regnard, Montargis et Gien,
où le monarque français ayant à ses côtés la jeune
héroïne, entra en triomphe, après avoir mis fin à
une entreprise (1) la plus aventureuse, la plus étonnante, et cependant la plus rapide de toutes celles
dont notre histoire, si féconde en beaux faits d'armes, ait laissé le souvenir.

Charles, qui avait peu payé de sa personne dans
le cours de cette expédition, eut au moins le bon
esprit de payer généreusement des deniers de son

(1) L'expédition de Reims.

coffre, les services signalés que venait de lui rendre la jeune libératrice, et le noble sang qu'elle avait versé pour lui. On trouve en effet dans les mémoires de la chambre des comptes, l'article suivant :

« A Jehanne la Pucelle la somme de cinq cents » escus d'or fut baillée à diverses fois par le com- » mandement du roy. Edit du 26 septembre 1429. »

FIN DU LIVRE SIXIÈME.

LIVRE SEPTIÈME.

CHAPITRE Iᵉʳ.

Bien souvent le roman historique se
montre plus véridique que l'histoire.
La politique est une rouée.

Cependant, par suite des négociations entamées,
une trève avait été conclue entre le roi et le duc
de Bourgogne. Ce dernier qui ne cherchait qu'à
gagner du temps, à leurrer et à amuser le monarque
français, lui avait mandé qu'il lui ferait recouvrer
Paris. A cette *belle* promesse, non seulement
Charles s'était hâté d'envoyer un sauf-conduit au
duc qui désirait fort se rendre dans cette capitale (1)
pour y travailler, disait-il, « au faict et advence-
» ment du traité qu'il avait conclu avec le roi; » mais
encore il avait donné des ordres aux gouverneurs
de Compiègne et de Pont-Saint-Maxence, de remettre ces deux places au prince bourguignon pour

(1) Il fallait que le duc, en prenant le chemin direct et le plus
court, passât sur les terres du roi de France.

que celui-ci ne fût point inquiété sur ses derrières. C'était, de la part du monarque français, montrer bien de la confiance, ou plutôt en montrer beaucoup trop envers un ennemi qui l'avait trompé si souvent, qui le trompait tous les jours, et vràisemblablement cherchait encore à le tromper.

Quoi qu'il en soit, le gouverneur de Pont-Saint-Maxence exécuta quoiqu'à regret les ordres de son souverain, et remit la place à Regnault de Longueval, chef bourguignon ; mais Guillaume de Flavy, soit dans l'intérêt du roi, soit pour ne pas perdre le gouvernement d'une ville qui lui avait été confiée, soit tout autre motif, refusa tout net de remettre Compiègne au duc. Plus tard, on verra combien cette rébellion dont le roi fut très mécontent, fut préjudiciable à la France en amenant l'affreuse catastrophe dont Jeanne devait être la victime. Mais n'anticipons point sur les événements.

Cependant le duc de Bedford, d'après la pointe que le roi avait faite sur Paris, était parti en toute hâte de la Normandie, pour voler au secours de la capitale qu'il supposait attaquée sérieusement, et peut-être prise. Mais quelle ne fut pas sa surprise en apprenant que cette attaque avait échoué, et que les troupes du roi s'étaient dirigées sur la Loire. Toutefois le chef anglais, aussitôt après son arrivée à Paris, s'empressa de faire occuper Saint-Denis que venaient d'évacuer «les Arminez(1) qui en

(1) On sait que les Anglais appelaient ainsi l'armée de Charles VII.

» estoient partis sans rien payer de leurs dépens,
» ayant promis à ceux de Saint-Denis de les payer
» des biens de ceux de Paris, quand ils seroient en-
» trés dedans... Mais ils faillirent et trompèrent leurs
» hôtes. »

En cette circonstance. comme en mille autres,
les Anglais firent preuve d'une lâche vengeance.
Saint-Denis fut livré au pillage. Par une atroce
barbarie digne des temps d'Attila, la basilique vénérable qui renfermait le dépôt sacré des
cendres de vingt rois, ne fut pas même épargnée.
Les monuments de Philippe-Auguste, de Saint-
Louis, remarquables par leurs richesses, furent
impitoyablement saccagés! La châsse d'or qui renfermait les ossements du saint roi, fut outrageusement violée! et pillée! Deux statues d'or, des
apôtres saint Pierre et saint Paul, vénérable *ex
voto* du roi Pépin, des candélabres, des encensoirs
d'or, dons magnifiques du roi Louis-le-Gros, furent
également le prix de la rapacité sacrilége des hordes
barbares de la punique Albion.

Pas n'est besoin d'ajouter que, dans cette fatale
journée, l'armure de Jeanne ne fut pas plus res-
pectée. Sous le vain prétexte que ce gage de
la valeur et de la piété *avait été souillé par une
femme vendue à l'esprit de ténèbres*, Louis de
Luxembourg, évêque de Térouane et chancelier du
monarque anglais, ordonne qu'elle fût ignominieu-
sement *enlevée*. On ignore, on a toujours ignoré
depuis ce qu'est devenu ce noble trophée (1).

(1) Il ne serait pas impossible qu'on pût retrouver cette armure

Toutefois, on rapporte que les saints religieux chargés de veiller sur le dépôt sacré confié à leurs soins, eurent l'heureuse adresse de soustraire l'épée de Jeanne (1). Hélas! c'était tout ce qui devait rester de cette sainte héroïne.

Le duc de Bedford croyant pouvoir également s'emparer d'autres places fortes, attaqua Lagny-sur-Marne. Mais cette ville était défendue par le fameux Ambroise de Lore et par le brave Foucault. C'est assez dire que les Anglais perdirent leur temps et leurs peines, et furent obligés de se retirer honteusement.

Si les fils d'Albion échouaient dans presque toutes ces entreprises hasardeuses, qui demandent un sang-froid et une bravoure à toute épreuve, en revanche les guerriers français voyaient presque toujours leurs tentatives couronnées du succès... La ville de Laval, dont Talbot s'était emparé par surprise, était encore sous la domination anglaise. Quelques guerriers français s'en indignèrent. C'étaient les sires du Hommet, Raoul du Bouchet

à la Tour de Londres, avec tant d'autres dépouilles de l'ancienne France. Et, en effet, on peut et on doit supposer qu'à cette époque les Anglais eurent grand soin de conserver cette armure comme un monument de leur victoire.

(1) Ce qu'il y a de bien certain, c'est qu'on montrait encore, il y a soixante ans, cette épée, qu'une tradition respectable disait avoir appartenu à la jeune héroïne. Toutefois cette épée n'était pas celle trouvée à Fierbois, qui fut brisée comme on sait. Ce qui prouve encore que l'épée fut détruite, c'est que, lors du procès, les Anglais firent maintes questions à Jeanne pour savoir ce que cette arme était devenue.

et Bertrand de La Ferrière. S'étant placés en embuscade, avec quelques guerriers non moins audacieux, un beau matin, à l'ouverture des portes ils s'élancent avec la rapidité de l'éclair, et entrent dans Laval, en criant *Notre - Dame!* et *Saint-Denis!*

Il y avait bien trois cents Anglais dans la ville, et les Français n'étaient pas deux cents assaillants. Mais que peut le flegme anglais en présence de l'impétuosité française?.. Toujours est-il que presque tous ces enfants d'Albion passèrent par le tranchant du glaive, trop heureux ceux qui purent échapper au trépas, «en saillissant pour se sauver »par-dessus les murailles. » (*Chronique.*) Bien que Jeanne fût restée étrangère à ces deux entreprises, on ne peut guère douter que l'impulsion donnée par cette héroïne ne fût la cause de tous ces beaux faits d'armes.

En présence de cette force mystérieuse, inexpugnable, le duc de Bedford sentit bien qu'il n'avait plus qu'une arme possible, arme honteuse à la vérité, mais que la guerre autorise quelquefois... C'était la séduction... Aussi tous les ressorts furent-ils mis en jeu par le régent, pour retenir le duc de Bourgogne qu'il supposait pencher pour l'alliance française... Le chef anglais se trompait pourtant, car le prince bourguignon n'était que trop disposé à faire cause commune avec l'Angleterre, et cette trève qu'il avait conclue avec Charles n'était au fond qu'un leurre dont il s'était bien promis d'amuser le monarque français. En effet, le duc ne fut pas plus tôt arrivé à Paris, qu'il s'empressa de renouveler alliance avec l'ennemi juré de la France, la perfide Albion ; c'était sans doute pour remercier Charles de lui avoir donné un sauf-conduit et des places de sûreté.

Toujours est-il que le duc de Bourgogne accompagné des principaux seigneurs de sa cour, de sa sœur, femme du duc de Bedford, et d'une suite qui s'élevait à trois ou quatre mille combattants, avait pris le chemin de Paris. «C'estoit vraiment une belle » chevauchée que celle-là... Le duc *armé de plain* » *harnais*, si non la tête qui estoit coiffée du cha- » peron, montoit ung très bon et excellent coursier, » et estoit moult gentement habillé et orné. Sept » ou huit pages d'une grande beauté le suivoient. » La duchesse de Bedford montoit ung bon cheval » trotier, et avec elle estoient huit ou dix de ses » femmes montées sur haquenées. Quant à Jehan de » Luxembourg, il menoit l'avant-garde, et le sire » de Saveuse chevaulchoit tout derrière, par ma- » nière d'arrière-garde.

» Si fut le duc moult regardé. Et, comme on ar- » rivoit devers Senlis, s'en vint l'archevêque de » Reims, chancelier de France, faire révérence au » dit duc, et, peu après, vint également Charles de » Bourbon, comte de Clermont, accompagné de » soixante chevaliers. Dès que ce dernier fut assez » près du prince bourguignon, on les vit tous deux » ôter leurs chaperons et incliner leurs chefs, l'ung » à l'autre, en disant aulcunes paroles de saluta- » tion. » Mais ils ne s'embrassèrent point, ainsi qu'on aurait pu le croire, étant parents (1). Seulement le comte de Clermont baisa respectueusement sur la joue sa belle-sœur, la duchesse de Bedford. Après ce froid accueil, on vit fort bien que les deux princes n'avaient aucun désir de faire plus ample connaissance, et surtout de demeurer plus longtemps ensemble. « Aussi, sans chevaucher l'ung » auprès de l'autre, ils se quittèrent au même en- » droit où ils s'étaient rencontrés : » l'un pour aller retrouver le roi de France, l'autre pour poursuivre sa route devers Paris.

Cependant cette suite nombreuse du duc de Bourgogne, qui avait bien plutôt l'air d'une armée, porta ombrage au régent. Celui-ci représenta qu'un prince ami, qui venait conférer avec un allié, n'avait pas besoin de tout cet appareil de guerre. Il pria en conséquence le duc de n'entrer dans Paris qu'avec une partie de ses gens. Mais ce dernier, si habile quand il s'agissait de se jouer des autres, du roi de France, par exemple, n'était pas du tout homme à se livrer, sans défense, à la merci de ceux même qui se disaient ses amis : aussi refusa-t-il tout net d'acquiescer à l'insidieuse proposition qu'on lui faisait. Le régent n'insista pas. On ne parlemente pas avec ceux qui ont la force en main. Le duc de Bourgogne entra donc avec tout son monde dans la ville de Paris, et ne tarda pas à s'apercevoir, aux démonstrations de joie des habitants, qu'on le pré-

(1) Le comte de Clermont avait épousé la fille de Jean-le-Téméraire, et était, par conséquent, beau-frère du duc de Bourgogne et de la duchesse de Bedford.

férait de beaucoup au chef anglais : ce qui n'était pas peu flatteur, vraiment !...

Toujours est-il que le peuple criait : Noël ! Noël ! par toutes les rues, places et carefours où passait le cortége du duc « qui se rendit, par la rue Maubué, » à madame Sainte-Avoye (1) faire ses *oblations*, et » de là à l'hôtel de Saint-Pol rendre hommage à » l'indigne princesse Isabeau de Bavière. »

Quelques jours après arriva le cardinal de Winchester, qu'on attendait impatiemment pour entrer en conférence. Les négociations furent longues, très secrètes, très animées. De chaque côté on cherchait à se tromper ; et, comme on se défiait les uns des autres, on eut beaucoup de peine à s'entendre. A la fin pourtant on s'*entendit ;* car, voyez-vous, le duc de Bourgogne avait, par-devers lui, le bon droit, c'est-à-dire force hallebardes et moult de braves gens pour s'en servir. Cela s'appelle aujourd'hui le droit canon, ou en d'autres termes le droit du plus fort, droit par excellence ; ce qui ne veut pas dire que ce droit du plus fort soit toujours le plus juste ; mais, en politique, bien certainement, c'est le meilleur.

Le duc de Bourgogne, se voyant soutenu par le peuple, exigea, pour prix de son alliance avec l'Anglais, le gouvernement de la capitale et le titre de régent de France. On donnait en compensation le gouvernement de la Normandie au duc de Bedford (2). Enfin on se promit mutuellement

(1) Église sous l'invocation de cette sainte.

(2) *Monstrelet* et *la Chronique du Bourgeois de Paris,* sans

« que vers Pasques chacun feroit tous ses efforts
» pour reconquérir les villes qui s'étaient rangées
» du parti de la France. »

Poussant la crédulité jusqu'au bout, Charles alors
s'imagina bonnement, en voyant les Anglais déguerpir pour aller en Normandie, que le duc de
Bourgogne allait accomplir les promesses qu'il avait
faites de remettre Paris à son légitime souverain.
Dans cette *louable pensée*, le monarque français se
hâta d'envoyer à Saint-Denis Regnault de Chartres
et d'autres pour s'entendre avec le duc, qui, de son
côté, avait envoyé Jean de Luxembourg et Luc de
Lannoy. *Ce qui fut dit là, peu de gens le savent....*
mais ce que personne n'ignore, c'est que le jour
même de leur arrivée, les ambassadeurs se sépare-
rent : ce qui ne veut pas dire qu'ils *s'étaient entendus*;
core bien moins qu'ils s'étaient quittés *en bonne
intelligence*. Quoi qu'il en soit, le roi ouvrit alors
les yeux, et comprit enfin à qui il avait affaire.

Très peu de temps après le départ des Anglais,
le duc de Bourgogne se disposa à retourner dans
ses états. Mais, avant de s'éloigner de Paris, il
commit le sire de l'Isle-Adam, gouverneur de cette
ville; puis alla prendre congé de cette Isabelle de

s'accorder l'un avec l'autre, rapportent les choses un peu différemment. Mais leurs récits sont invraisemblables, et l'on s'aperçoit
facilement qu'ils sont tous les deux influencés par l'esprit de parti.
Nous avons donc pu et dû, grâce aux droits du roman historique,
rétablir les faits et nous montrer plus véridiques que l'histoire...
Ex uno disce omnes... Au reste, M. Le Brun des Charmettes suit
en tout point notre façon d'envisager cette intrigue.

Bavière, de cette princesse méprisable et méprisée qu'il s'était ridiculement empressé d'aller saluer en arrivant.

Si l'on en croit les chroniques du temps, le prince bourguignon, lorsqu'il quitta Paris, avait bien perdu de sa popularité. Non, toutefois, que les habitants, éclairés par l'infortune, soupirassent enfin après leur souverain légitime ; mais, exaspérés par les mauvais traitements des Bourguignons, et surtout par les exactions des Picarts, ce pauvre peuple ne savait plus trop qui il devait le plus détester de ceux-ci ou des Anglais. «Quoi quil en soit, le duc » emmena avec lúy les Picarts, aussi grands larrons » qu'il en fut jamais à Paris, comme il parut dans » toutes les maisons où ils avaient logé ; et, de » même, aussitôt qu'ils furent hors de Paris, ils ne » rencontrèrent hommes qu'ils ne dérobassent ou » ne battissent. » (*Chroniques.*)

Enfin, pour jouer son rôle de perfidie jusqu'au bout, le duc de Bourgogne, en partant, adressa aux pauvres Parisiens qu'il laissait, pour ainsi dire, à la gueule du loup, une *proclamation* (on faisait déjà des proclamations) par laquelle « il engageait à se bien défendre, si les Armagniats » (les troupes du souverain légitime) venaient as- » saillir la ville (1). » Un tel langage était une amère dérision : aussi est-il bien vraisemblable que si le monarque français se fût alors présenté aux portes de sa capitale, ses sujets, lâchement trompés par

(1) On croit presque lire de l'histoire contemporaine en lisant ce passage.

l'étranger, ses sujets enfin désabusés, auraient retrouvé dans une juste indignation, dans un patriotique désespoir, ces antiques sentiments de fidélité, dont ils avaient donné des preuves dans plus d'une occasion.

Quoi qu'il en soit, le perfide duc de Bourgogne, après avoir complétement joué le rôle de prince, «s'en retourna en ses provinces de Picardie et de » Flandre; et le monarque françois, qui dut enfin » être adverty (mais un peu tard), passa la rivière » de Loire et s'en revint à Bourges. »

CHAPITRE II.

Depuis longtemps une grande froideur régnait entre la reine Marie d'Anjou et son royal époux. Bien des motifs entretenaient cette mésintelligence, ou plutôt tout ce qui se passait journellement semblait devoir l'accroître encore. Les conseils de certains ministres déloyaux y étaient pour beaucoup; mais un être faible en apparence, une femme, Agnès Sorel, puisqu'il faut l'appeler par son nom, contribuait plus que tout autre, par ses perfidies étudiées, à détacher, à dégoûter, c'est le mot, le monarque français *des douceurs* de l'hymen.

Jeanne, dont la noble et sainte mission semblait être de rendre au prince et sa couronne et le cœur d'une épouse; Jeanne cherchait, par tous les moyens possibles, à rapprocher le couple royal. Déjà plusieurs fois cette héroïque et pieuse jeune fille, qui avait eu naguère le courage de blâmer la conduite coupable d'un duc de Lorraine envers sa vertueuse compagne, n'avait pas craint de s'expliquer avec la même franchise, au sujet du roi et même en sa présence, de désapprouver sa conduite, et surtout de lui peindre, avec cette candeur qui en dit plus que les discours les plus éloquents, l'*affliction* qu'il causait à la reine.

Quoi qu'il en soit, Marie d'Anjou, trop fière pour descendre à des prières, mais aussi trop sensible pour ne pas ressentir vivement les injustes dédains dont elle était la victime, Marie d'Anjou, en épouse tendre et respectueuse, gardait le silence... Généralement, en pareille circonstance, c'est ce qu'une femme d'esprit a de mieux à faire. Toutefois, dans l'espoir de rappeler, s'il était possible, un époux volage, elle résolut, d'après le conseil de Jeanne, de faire une innocente et dernière tentative. Sachant que celui-ci devait passer par Selles en Berry, Marie alla l'attendre dans cette ville. Une seule dame, Marguerite de La Touroulde, confidente de ses chagrins, l'accompagnait.

Le monarque français n'était plus qu'à quelques lieues de Selles, lorsqu'on vit venir à franc étrier un jeune page appartenant à Marie d'Anjou. Tout d'abord, et pour cause (on lui avait fait la leçon), il s'enquit du roi, et dit qu'il apportait des nouvelles de la reine... A ces mots, La Trémouille, qui ne quittait pas plus celui-ci que son ombre, et dirigeait en vrai despote toutes les actions de ce prince, La Trémouille, qui était loin d'être étranger à la froideur de son seigneur et maître pour son épouse, et faisait tout au monde pour entretenir cette froideur, La Trémouille, à ce message imprévu, se douta de quelque chose, et, malgré sa profonde dissimulation, fut assez peu maître de lui pour ne pas déguiser sa surprise, ou plutôt le vif mécontentement qu'il éprouvait.

Le roi, il faut bien le dire, n'était pas moins surpris, mais par un motif bien différent : l'amour quelquefois reprend subitement tout son empire dans le cœur d'un époux volage. Peu de chose, un rien, peuvent opérer ce prodige. Toujours est-il qu'il y avait si longtemps que ce prince n'avait *rencontré* la reine, si longtemps qu'il n'avait eu *d'entrevue* avec elle, que la lettre de cette princesse, par laquelle celle-ci annonçait qu'elle attendait à Selles son seigneur et maître pour embrasser ses genoux, causa à Charles la plus agréable surprise qu'il soit possible de dire, ou plutôt le combla de joie : c'était presque une bonne fortune pour lui.

Toutefois, le sire, qui craignait, c'est bien le mot, qui craignait au dernier point son ministre, ne savait comment s'y prendre, non pour lui cacher, cela eût été impossible, mais pour lui faire part de la lettre en question. Et, en effet, après tout ce qui s'était passé, après tout ce qui s'était dit entre lui et son favori, Charles n'était pas sans savoir que *cette entrevue* serait loin, bien loin d'être agréable à l'homme qui faisait tout au monde pour semer la discorde et la zizanie dans la couche de l'hymen. D'un autre côté, La Trémouille, qui mourait d'envie de savoir ce que disait la missive mystérieuse, lançait sans miséricorde ou plutôt avec la hardiesse d'un pédant, envers son écolier, des regards qui perçaient à jour le pauvre monarque et jetaient dans son cœur un mortel effroi.

Ce silence étudié de deux interlocuteurs qui ne savent comment débuter a bien aussi son côté comique. L'attitude du roi dans ce dialogue muet était surtout à peindre, ou plutôt il n'est pas de pinceau assez habile, que je sache, pour en donner une idée. Quant à la pantomime du ministre, on pouvait la résumer en peu de mots, en disant que l'insolent valet grandissait d'autant que son maître pusillanime se rapetissait, se roulait, se vautrait dans la poussière. Ah! princes! si vous saviez comme le trop de bonté vous avilit!!!

En pareille circonstance, le plus pervers finit toujours par contraindre sa *victime* à parler la première, ou plutôt à venir humblement s'accuser. C'est assez dire que le roi prit la parole.

— Une lettre de la reine, fit-il à demi-voix, en affectant un air distrait et en froissant dans ses doigts la mystérieuse missive, comme il aurait pu faire d'un papier de peu d'importance... un placet, par exemple.

— Une lettre de la reine! s'écria La Trémouille d'une voix tonnante et en lançant au monarque un regard flamboyant.

— Oui, fit celui-ci tout tremblant.

— Je croyais pourtant savoir que l areine n'écrivait plus? ajouta le ministre d'un ton qui semblait commander un aveu.

— Elle s'est avisée... elle m'écrit...

Le sire n'eut pas la force d'achever.

— Quelques caprices de femme, sans doute, reprit La Trémouille avec ironie.

— Tenez, lisez vous-même.

Et le roi de remettre la lettre en baissant les yeux, tant il redoutait de rencontrer ceux de son rude favori.

Il se fit un moment de silence... en paroles s'entend ; car, voyez-vous, la pantomime du ministre était cent fois plus éloquente, en disait cent fois plus que les plus énergiques reproches. Oui, c'étaient bien des reproches, ces regards flamboyants que le valet lançait de temps en temps à son seigneur et maître, c'étaient bien des reproches, c'étaient bien d'amers reproches, ces mouvements brusques, précipités, cette attitude fière, presque menaçante que l'insolent ministre affectait en lisant la lettre que son trop débonnaire souverain venait de lui confier si indiscrètement.

— Eh bien ? fit piteusement le roi, quand il crut s'apercevoir que La Trémouille avait fini.

— Vraiment ! s'écria celui-ci, d'un ton où se peignait un vif dépit ; vraiment ! j'ai peine à croire ce que je viens de lire.

— Mais, répliqua le sire avec bonhomie, il me semble qu'il n'y a pas grand mal à ça.

— Votre majesté est bien la maîtresse de le trouver bon.

— La Trémouille, reprit le monarque en faisant la plus jolie petite mine qu'ait jamais faite un roi à son ministre, mon cher La Trémouille, il faut bien pardonner quelque chose aux femmes ; ce qu'elles veulent...

— Sire, répliqua le favori avec une gravité affectée, j'ai toujours ouï dire qu'une femme ne doit vouloir que ce que veut son mari, et ce précepte si louable est une loi, une loi rigoureuse quand il s'agit de votre majesté et de son épouse.

— Certes! avez bien grand'raison, et...

— En ce cas, s'écria La Trémouille en interrompant indécemment le roi, si votre majesté veut bien se rappeler les ordres qu'elle avait donnés, la reine aurait le plus grand tort...

— Mon cher La Trémouille, fit le sire d'un ton bénin, j'ai oublié, je veux oublier les défenses que j'avais faites.

— C'est différent, reprit le favori en se pinçant les lèvres.

— Oui, j'ai tout oublié : aussi pensé-je, sauf meilleur avis, que nous devons moult bien recevoir qui vient au-devant de nous, surtout quand c'est notre royale et bien-aimée épouse qui nous donne cette montjoie.

— C'est différent, s'écria derechef le favori, qui contenait à peine son dépit.

— Ainsi donc, mon cher La Trémouille, nous lui ferons, avec la grâce de Dieu, nous lui ferons le plus cordial accueil.

— C'est différent! c'est différent! s'écria le ministre, qui étouffait de rage.

Un nouvel interlocuteur qu'on n'attendait pas interrompit fort à propos ce *touchant* dialogue du roi et de son digne ministre : c'était Jeanne, qui venait de la part de la reine ; car il est bon de savoir que la jeune héroïne ayant conseillé à Marie d'An-

jou de se ménager cette entrevue avec le roi, s'é-
tait hâtée de prendre les avances et d'aller offrir
ses bons offices à celle-ci, qui l'avait fort bien
reçue et l'avait chargée d'aller au-devant de son
royal époux, et, s'il en était besoin, de plaider près
de lui la cause de l'épouse délaissée.

A l'air radieux du monarque, tout d'abord
Jeanne devina qu'elle n'aurait pas à remplir ce triste
rôle de conciliation. Loin de là, Charles, qui se sentait encore plus fort en présence de l'héroïne, té-
moigna vivement toute sa joie devant La Trémouille.
C'étaient autant de coups d'épingles que recevait
dans le nez ce digne ministre : aussi faisait-il une
affreuse grimace, si laide, si laide, que soit dit sans
plaisanterie, on aurait cru qu'il était fort mal à son
aise.

Quoi qu'il en soit, Charles, qui éprouvait une
vive impatience de voir sa royale moitié, avait
donné des ordres pour qu'on se hâtât. Trou-
vant qu'on n'allait pas encore assez vite au gré de
ses désirs, soudain il piqua des deux, et sans faire
attention à La Trémouille et à sa triste mine, il
prit les devants, laissant bien loin en arrière celui-
ci et le groupe des courtisans, dont la plupart, sans
doute pour faire leur cour à un ministre tout-puissant, affectaient de n'être que tout juste contents
de cette fantaisie de la reine, *d'avoir une entrevue*
avec son époux.

Cependant le roi, qui montait un superbe coursier, allait grand train. Jeanne, toute radieuse d'a-
voir si bien réussi, galopait non loin du prince ;

elle faisait presque à elle seule et avec l'argentier Jacques Cœur, qui était bien aussi pour quelque chose dans tout cela, et qui riait dans sa barbe de la colère de La Trémouille, toute l'escorte du monarque, lequel en ce moment se félicitait d'être débarrassé de gens dont plusieurs fois il avait eu occasion d'éprouver le mauvais vouloir à l'endroit de la reine.

On n'était plus qu'à une faible distance de Selles, quand tout-à-coup on aperçut comme une façon de cavalcade qui sortait de la ville. Bientôt on n'en put douter : c'était Marie d'Anjou. Celle-ci, montée sur une haquenée richement parée, avait à ses côtés la dame de La Touroulde et deux ou trois seigneurs. Derrière étaient quelques femmes aussi sur des haquenées, des pages et des écuyers... Enfin des gardes et plusieurs notables habitants de la ville escortaient le royal cortége.

La reine était fort belle et encore dans tout l'éclat de la première jeunesse. Dans cette solennelle circonstance, à laquelle cette princesse attachait tant de prix, de si *douces espérances*, elle n'avait rien négligé de tout ce que l'art et la parure ajoutent de charmes à la beauté : aussi pouvait-on dire avec vérité qu'en la voyant on devait être vivement épris, amoureux même, fût-on son mari.

Le froid cérémonial de l'étiquette fut peu observé dans cette circonstance. Les deux époux avaient trop grand désir de se voir pour se conformer à ces règles glaciales, le désespoir de deux cœurs bien épris. Apercevant le roi, qui avait mis pied à terre

et qui s'avançait suivi de quelques chevaliers, la
reine, soutenue par son écuyer, s'était hâtée de sauter
à bas de son palefroi, et semblait vouloir se jeter aux
pieds de son seigneur et maître... « Mais celui-ci, la
» serrant dans ses bras, l'embrassa moult tendrement
» à plusieurs reprises...» Marie, vivement émue, ne
put retenir ses larmes. L'émotion gagna l'amoureux
monarque... A ces touchantes démonstrations, il
était facile de juger que la réconciliation était opérée,
au moins pour quelque temps, et jusqu'à ce que
de perfides courtisans en eussent autrement ordonné.

Quoi qu'il en soit, Charles étant remonté sur son
coursier et Marie d'Anjou sur sa haquenée, le
couple royal fit son entrée dans la cité au milieu des
cris d'allégresse d'une population fidèle, ivre de
joie de contempler son légitime souverain, et de
voir cet accord touchant qui présageait que la couche de l'hymen serait enfin féconde... Toujours
est-il que le monarque français fut fort empressé
auprès de son épouse, que la lune de miel reparut
de nouveau sur l'horizon, et de son doux éclat
charma plus d'une nuit consacrée aux amoureux
ébats.

Le roi. dont l'intention avait été d'abord de se
rendre à Chinon, changea subitement d'avis, et
décida qu'il irait à Bourges. Il venait d'apprendre,
ou plutôt la reine avait habilement fait répandre le
bruit qu'elle voulait retourner dans cette dernière
ville. Bien que ce projet de Marie d'Anjou eût l'air
d'être sans conséquence, c'était pourtant un trait

de finesse, une véritable ruse de femme. Elle éloi-
gnait par ce moyen son époux, sur lequel elle
venait de reprendre tout son ascendant, d'une
odieuse rivale, Agnès Sorel, qui faisait son séjour
ordinaire à Chinon.

Jeanne, à qui la gloire de cet heureux rapprochement appartenait presque entièrement, suivit à
Bourges ses augustes maîtres... La jeune héroïne,
qui choisissait toujours avec un soin extrême les
personnes chez lesquelles elle allait se loger, choisit
cette fois l'hôtel de Renaut de Bouligny, conseiller
du roi, receveur des finances, personnage grave et
de haut renom. C'était l'époux de cette Marguerite
de La Touroulde, confidente de la reine, et que
cette princesse affectionnait beaucoup, comme
étant la seule peut-être des dames qui entouraient
sa royale personne qui s'associât sincèrement aux
peines secrètes comme aux douces émotions de sa
souveraine.

CHAPITRE III.

Cependant la guerre civile, ce fléau dévastateur ce fléau le plus terrible de tous ceux que l'Eternel dans sa colère envoie aux mortels; la guerre civile ensanglantait toujours le beau royaume de France. Malgré la trève qui existait entre le roi et son perfide vassal le duc de Bourgogne, Français et Bourguignons ne s'en battaient pas moins avec acharnement chaque fois qu'ils se rencontraient, ce qui n'arrivait malheureusement que trop souvent... Car, par une ruse infernale, digne de ces temps de barbarie, les partis bourguignons qui couraient la campagne feignaient d'appartenir à la nation anglaise, avec laquelle il n'existait pas de trève, afin de pouvoir en venir aux mains avec les Français, sans que ceux-ci pussent les accuser de violer la foi jurée; c'était le jésuitisme de ce temps-là.

Au milieu de cette foule de guerriers français qui, dans l'espoir de purger le sol sacré de la patrie de la hideuse présence de l'étranger, répandaient chaque jour leur sang pour la cause du roi, on distinguait surtout Ambroise de Lore, Jean Foucault et Kennedec, célèbre chef écossais que l'on a déjà vu figurer avec tant de gloire au siége d'Orléans... Ne respirant que la vengeance, un jour ces trois braves guerriers, suivis seulement de quatre ou cinq cents hommes, s'en viennent de Lagny faire une course jusqu'à Louvres. Le lendemain ils attaquent et font prisonnière une troupe ennemie, mi-partie anglaise et bourguignonne, commandée par un chef anglais du nom de Ferrières. Sans reprendre haleine, ils s'en vont, les jours suivants, jusqu'aux portes de Paris, qu'ils étonnent par leur audace. Puis, satisfaits d'avoir bravé l'ennemi, qui n'ose sortir de ses murailles, ils s'en reviennent tranquillement à Lagny, d'où ils étaient partis quelques jours auparavant.

Vers la même époque, un gros d'Anglais et de Picards veut imiter l'impétuosité française, et tente contre la place de Creil, défendue vaillamment par Jacques de Chabannes, une entreprise qui échoue. Moins heureux, quelques jours après, ce brave guerrier tombe entre les mains d'un célèbre chef anglais nommé Foulques, lequel trouve un trépas glorieux dans sa victoire. Toutefois, le brave Chabannes est bientôt échangé contre George de Croix, et revient prendre le commandement de Creil, qu'il avait si bien défendue.

Tous ces petits combats partiels étaient fort meurtriers, et n'amenaient aucun résultat décisif : aussi les chefs français songeaient-ils depuis long-temps à mener à bonne fin quelque entreprise importante. Un célèbre guerrier de cette nation, le sire de Grand'Pierre, se chargea de ce soin périlleux, et promit, *foi de chevalier,* au comte de Clermont et à l'archevêque de Reims, de s'emparer par un coup de main hardi de l'importante cité de Rouen... A certain jour donné, quelques guerriers d'un courage éprouvé, parmi lesquels étaient Jacques de Chabannes et Jean Foucault, devaient venir le rejoindre et le seconder. Tout était bien concerté, la réussite semblait infaillible, lorsqu'un contre-temps imprévu, bien que facile à prévoir, fit tout manquer.

Jacques de Chabannes et Jean de Foucault étaient sans doute fort experts dans l'art de tuer et de faire tuer; mais, hélas! ces bons chevaliers étaient loin, bien loin d'être aussi forts en astronomie; et pour parler net, peut-être ne savaient-ils pas assez lire pour voir à l'aide de l'almanach que la lune faisait défaut cette nuit-là même où devait avoir lieu l'expédition; de sorte qu'au moment de se mettre en route pour se rendre à Senlis, lieu du rendez-vous, ils n'osèrent, de peur de s'égarer... En vain le sire de Grand'Pierre se morfondit à les attendre; en vain il jura, tempêta, maugréa, personne ne parut... si ce n'est toutefois le comte de Clermont et l'archevêque, gens fort respectables sans doute, mais, soit dit sans flatterie, tout-à-fait nuls pour mener à bien l'expédition projetée. Bref, l'entreprise manqua faute de savoir lire dans l'almanach.

Quelques jours après, les comtes de Clermont,

de Vendôme, le brave Poton de Xaintrailles, et plusieurs autres chefs essayèrent de ressaisir l'occasion. Mais, bah! on ne retrouve jamais l'heure du berger. Entre Beauvais et Rouen, un parti anglais se chargea de l'apprendre à ces valeureux Français, trop confiants, ne doutant jamais de rien.

Cependant le duc d'Alençon, qui tenait beaucoup à son duché, beaucoup plus peut-être qu'aux intérêts du roi, ayant su que le château de Saint-Celerin, dans le voisinage d'Alençon, était un poste important, ordonna au vaillant Ambroise de Lore d'aller l'occuper. Ce qui fut dit fut fait; non, toutefois, si secrètement que quelques chefs anglais n'en eussent connaissance : aussi ceux-ci jugèrent-ils convenable d'aller investir avec des forces imposantes, et attaquer avec « *moult gros canons, bombardes » et engins* » le château de Saint-Celerin.

Si bien que fût défendu le castel, il ne pouvait tenir longtemps contre des forces si supérieures. Les guerriers qui étaient avec le brave Ambroise de Lore décidèrent que celui-ci irait quérir du secours; mais le noble chef faisait grande difficulté, disant que c'était forfaire à l'honneur d'ainsi s'en aller. Ses compagnons d'insister. Enfin il se décida à sortir, lui cinquième, à la faveur des ombres de la nuit, et à traverser le camp anglais.

Un homme de tête et de cœur pouvait seul entreprendre et mener à fin une aventure si périlleuse. C'est assez dire qu'Ambroise de Lore, chevauchant jour et nuit, arriva enfin à Chinon, où était *retourné* le monarque français. Le valeureux chevalier, ayant exposé la situation critique où se trouvait la brave garnison de Saint-Celerin, le roi donna sur-le-champ des ordres pour qu'un gros de Français allât en hâte attaquer les Anglais qui serraient de près ledit château, et, s'il était possible, en fissent lever le siége; mais les fils d'Albion, ayant eu connaissance du renfort qui arrivait, résolurent de le prévenir en donnant l'assaut. « Ce jour-là on se battit longtemps » corps à corps, et furent tués bon nombre de guer-» riers anglais et français; » et entre autres fut *occis* Jehan de Beaurepaire, chevalier français de grand renom. Quoi qu'il en soit, désespérant d'emporter de vive force une place défendue par des gens qui se battaient si bien, « les Anglais, le lendemain de » cette attaque, délogèrent sans aultre chose pouvoir » faire. »

Espérant être plus heureux devant Lagny, ceux-ci firent une attaque contre cette ville, et donnèrent l'assaut, mais inutilement. Ils avaient eu affaire à Jehan Foucault et à Kennedec. Enfin le duc de Bedford, jugeant toute l'importance du Château-Gaillard, essaya de s'en emparer par surprise. Là, comme ailleurs, les Anglais échouèrent encore. Pendant plus de sept mois, ce nid d'aigle brava les efforts de toute une armée.

Au milieu des malheurs de la guerre civile, au milieu des flots de sang qu'elle faisait couler et des généreux guerriers qu'elle moissonnait, quelques provinces de France avaient su se constituer une espèce d'indépendance. De ce nombre était la belliqueuse Picardie : elle n'avait jamais porté ses fers qu'en frémissant, ou plutôt elle s'était en quelque sorte affranchie du joug de l'étranger : aussi le duc de Bourgogne, craignant qu'elle n'achevât de le briser tout-à-fait pour revenir se ranger sous le sceptre paternel des Valois, jugea-t-il à propos, dans son astucieuse politique, d'envoyer une députation aux notables habitants de cette province. Les évêques de Noyon et d'Arras, le vidame d'Amiens, et quelques autres seigneurs de haut parage, furent chargés de cette mission délicate. Ils devaient, entre autres, représenter aux habitants le bon vouloir, l'affection, *voire même l'amour* que les princes bourguignons avaient toujours montré pour les Picards.

Tenir un tel langage, c'était, il faut en convenir, compter beaucoup sur la bonhomie (on pourrait employer une autre expression) des habitants. Avec la même impudence, les députés débitèrent encore sur ce ton-là quantité d'autres belles maximes, ou plutôt de fades et de plates cajoleries auxquelles le pauvre peuple s'est toujours laissé et se laissera toujours prendre. Bref, les Picards, croyant bonnement que c'était pour eux grand honneur d'être ainsi encensés par le pouvoir, résolurent de mettre leurs cités sous la garde d'un prince qui parlait si bien, « pourvu toutefois qu'il » mît à néant toutes aydes et impôts. »

C'était là la pierre de touche, le *hic*. Mais les rois ne s'embarrassent pas pour si peu de chose. Ils commencent par promettre ; tiendra qui pourra. Il fut donc répondu aux *bons* Picards « que rien

» n'était plus juste que leur demande, qu'ils n'a-
» vaient qu'à la faire en bonne forme, et envoyer
» devers le duc quelques uns de leurs gens. »

Toujours est-il que la majeure partie des villes de
la Picardie, *alléchées sans doute par l'odeur*, imi-
tèrent le bel exemple d'Amiens, et se hâtèrent d'envoyer des ambassadeurs au duc de Bourgogne « pour
» obtenir la mise jus (l'abandon) des dictes gabelles
» et impositions. » Le prince reçut fort bien mes-
sieurs les ambassadeurs; mais, dans sa profonde
sagesse, ne jugea pas à propos de faire droit *pour le
moment* à l'humble requête des Picards. Mais il leur
donna bonne et valable promesse « que au plus
» brief que faire se pourrait, » il emploierait ses bons
offices près d'Henri, roi d'Angleterre, « pour qu'il
» impétrât » ce qui faisait l'objet de ladite requête.

Cette fallacieuse réponse, à laquelle il était absurde d'ajouter créance, et à laquelle pourtant en
pareille circonstance les peuples sont toujours pris,
excita l'enthousiasme des Picards pour le duc de
Bourgogne. On ne pouvait pousser plus loin la crédulité ou plutôt la sottise. Quoi qu'il en soit, ce
prince, profitant en homme habile de ce moment
d'exaltation, adressa aux habitants une *proclamation* (autre jonglerie) qui les appelait aux armes. Et
ceux-ci de venir à l'envi se ranger sous les bannières ducales, et de prêter serment de fidélité
entre les mains du sire de Brimeu, nommé *ad hoc*.
Le résultat de tout *ce gâchis* fut que le pays souf-
frit beaucoup de ces rassemblements, et que les Pi-

cards attendent encore la réalisation des promesses du duc de Bourgogne.

Cependant, le parti anglais, voyant chaque jour la France lui échapper, employait tous les moyens de séduction pour se faire des créatures et rallier autour de lui les peuples indécis et hésitant encore entre le gouvernement paternel d'un Valois et le joug avilissant de l'étranger... Parmi ces âmes vénales dont les Anglais stimulaient le zèle éhonté, on remarquait surtout Pierre Cauchon, ce prélat furibond, depuis si tristement célèbre, et que sa conduite scandaleuse avait fait chasser naguère par ses ouailles de son siége épiscopal de Beauvais. C'était pourtant un être si vil, si méprisable, que ceux-ci cherchait à s'attacher en le comblant de faveurs, de dignités, d'argent. Le siége de Rouen était alors vacant ; le croirait-on ? il fut écrit au pape afin d'obtenir cet évêché pour l'indigne prélat. Toutefois le pontife romain, qui n'était pas sans connaître *l'homme*, eut la sagesse de laisser traîner l'affaire en longueur, et, par ce moyen, d'évincer Pierre Cauchon d'un siége qu'il aurait déshonoré comme celui de Beauvais.

Il n'en était pas ainsi à la cour de France. Là, l'honneur, l'héroïsme, recevaient une juste récompense... Des lettres du monarque français conféraient à Jeanne les hautes prérogatives de la noblesse. L'héroïne était anoblie *toujours et à jamais*, elle et sa famille. Ce précieux monument était conçu à peu près en ces termes :

« Nous, Charles, par la grâce de Dieu, roi de

» France : en mémoire d'un événement à jamais
» mémorable, et pour rendre gloire à la suprême et
» divine *sagesse* des grâces nombreuses et éclatan-
» tes dont il lui a plu nous combler par le ministère
» de notre chère et bien-aimée la Pucelle, Jeanne
» d'Arc de Domremy, nous jugeons convenable
» d'élever d'une manière insigne et digne de la gran-
» deur de notre royale majesté, cette même Pucelle
» et toute sa famille... En conséquence, savoir
» faisons à tous présents et à venir, que nous avons
» anobli, anoblissons et faisons noble ladite Pucelle,
» Jacques d'Arc, Isabelle Romée, Jacquemin, Jean
» et Pierre d'Arc, père, mère et frères d'icelle Pu-
» celle (1), et toute leur famille et lignage, et, en
» faveur et considération *d'elle*, leur postérité mas-
» culine et *féminine*, voulant en conséquence qu'ils
» jouissent paisiblement *des priviléges, libertés, pré-*
» *rogatives et autres droits* dont jouissent les nobles
» de notre royaume... Et afin que ce soit chose
» ferme et stable à toujours, nous avons fait sceller
» ces présentes de notre scel... Donné à Melun-sur-
» Yèvre, en décembre, l'an du Seigneur 1429, et de
» notre règne le 8ᵉ (2). »

(1) Il est à remarquer qu'une sœur de la Pucelle, dont parle
l'histoire, mais dont on ignore le nom de baptême, n'est point rap-
pelée dans ces lettres. Des auteurs graves ont pensé que cette sœur,
profitant de la ressemblance qu'elle pouvait avoir avec Jeanne, se
fit passer pour elle après la mort de la jeune héroïne. Bien des faits
sont encore un mystère dans cette histoire de Jeanne d'Arc...

(2) Il n'est nullement fait mention, dans ces lettres de noblesse,
d'armoiries accordées par le roi à la Pucelle. Elles ne sont men-

Malgré *la haute faveur* (1) que Charles venait d'octroyer à Jeanne, il voulut encore lui témoigner sa munificence royale par d'autres actes non moins éclatants... Jugeant avec raison qu'il était convenable que tout, chez cette héroïne, répondît à la noble mission qu'il avait plu à l'Éternel de lui

tionnées, pour la première fois, que dans les lettres patentes de Louis XIII, du 25 octobre 1612 ; à savoir : *d'azur à deux fleurs de lys d'or et une espée d'argent, à la garde dorée, la pointe en haut, fermée en une couronne d'or.*

(1) Cette expression fera sans doute sourire de pitié bien des gens qui, tout en déclamant sans cesse contre la noblesse, usurpent à qui mieux mieux la particule féodale. Certes, nous sommes loin, bien loin de faire un crime à tous ces parvenus de se parer, comme le paon, de plumes d'emprunt, il est tout naturel de chercher à se dégrasser ; mais alors pourquoi clabauder sans cesse contre la noblesse ? Pourquoi cette haine furibonde pour tout ce qui appartient à cette caste honorable ? Pourquoi surtout ce projet bien arrêté chez certains parvenus, qui n'ont d'autre mérite qu'une fortune bien souvent mal acquise, d'accumuler insulte sur insulte dans les relations qu'ils ont avec les membres de cette noblesse, dont ils enragent de ne point faire partie ?... Car, voyez-vous, toutes ces usurpations de titres ne prouvent rien, absolument rien ; seulement c'est un ridicule de plus que se donnent ces bonnes gens. Quoi de plus comique, par exemple, de voir tel ou tel membre d'une famille de roturiers s'affubler du *de* et jouer maladroitement l'homme bien élevé, tandis que les autres membres de la même famille s'affublent du *bonnet rouge*, et affectent, les femmes surtout, une malhonnêteté révoltante envers toute personne de la caste nobiliaire ? C'est surtout en province que ces ridicules se reproduisent trop souvent, à la honte de *ceux* et de *celles* qui se les permettent. Il nous semble que de pareils procédés sont une violation flagrante de la Charte, laquelle, en reconnaissant une noblesse ancienne et une noblesse nouvelle, n'a pas voulu, sans doute, qu'elles fussent souillées de boue.

confier, le roi exigea qu'elle portât désormais de *riches vétements*... (Edm. Richer). Il lui fit même don « *d'une Hangue de toile d'or tailladée, qu'elle* » *portait sur ses armes...* » Quoi qu'il en soit, Jeanne alors était toujours « vestue en guise » d'homme, portait cheveux *rondis*, chaperon dé- » chiqueté, chausses vermeilles attachées *à foyson* » aiguillettes... » Elle avait en outre aux doigts deux anneaux d'or, sur lesquels étaient gravés des croix et les noms de Jésus et de Marie... Elle était fort attachée à ces symboles sacrés, et les considérait avec une sorte d'inspiration chaque fois qu'elle allait au combat... Enfin la jeune héroïne avait un *état* en tout conforme à celui d'un chef de guerre, c'est-à-dire un aumônier, un écuyer, des pages, des hérauts, un intendant, des varlets, et même *de nobles pucelles pour lui tenir compagnie* (Pontus Heuterus). Il est inutile d'ajouter qu'elle était considérée comme pouvait l'être une dame de haut parage ; et pourtant tous ces enivrements de la fortune n'altérèrent jamais la modestie, la candeur de l'humble fille des champs.

Jeanne resta quelque temps à Bourges dans l'hôtel de Renaut de Bouligny. L'épouse de celui-ci, Marguerite, dame de La Touroulde, avait pris l'héroïne en grande affection, et passait souvent avec elle des heures entières dans l'abandon d'une aimable causerie. Quelques dames des premières familles du pays étaient admises dans l'intimité de ce tête-à-tête, dont Jeanne faisait le charme par son ingénuité et la noblesse de ses sentiments.

Toutes ses réponses étaient empreintes de cette inspiration qui ne peut venir que du ciel... Un jour que l'on admirait son courage au milieu des plus grands dangers, quelqu'un s'avisa de dire qu'elle ne craignait point d'aller à l'assaut, parce qu'elle savait bien qu'elle ne serait pas blessée (1). — Je n'ai pas plus de sécurité à cet égard, répondit-elle modestement, que les autres guerriers mes compagnons d'armes... Paroles remarquables, qui attestent également l'enthousiasme de cette jeune fille pour remplir la mission que le ciel lui avait confiée, et le courage à toute épreuve qu'elle puisait dans son cœur généreux.

Toutefois si l'héroïne était un sujet d'envie pour quelques âmes viles, elle était un être privilégié, au-dessus du reste des mortels, pour un grand nombre de personnes des rangs les plus élevés de la société. Il n'était pas rare de voir de hautes et puissantes dames célèbres par leur piété et la régularité de leurs mœurs, la supplier de toucher des emblèmes religieux, qu'elles considéraient ensuite et conservaient comme de précieuses reliques, douées de vertus miraculeuses... Mais Jeanne, dont la religion était aussi simple qu'éclairée, Jeanne, qui n'avait jamais payé tribut à la su-

(1) Cette supposition n'était pas moins fausse au physique qu'au moral. En effet, on se rappelle que Jeanne fut blessée grièvement plusieurs fois. Cette supposition de mauvaise foi prouve que l'héroïne qui venait de sauver la France était entourée d'envieux, de gens qui désiraient sa perte.

perstition, se riait de la crédulité de ces personnes, qu'une dévotion mal dirigée égarait... — Touchez vous-même ces croix, ces chapelets, ces couronnes, disait-elle alors en souriant à son amie la dame de La Touroulde; ils auront autant de vertu que si Jeanne les eût touchés elle-même... Toujours est-il que bien des fois la jeune inspirée s'affligea de l'espèce de culte dont elle était l'objet.

Une aventure assez singulière, et qui prouve la crédulité de ces temps reculés, achèvera de mettre dans tout son jour la foi éclairée de la vierge de Domremy, et de montrer combien son âme était pure.

Les merveilles qu'elle avait opérées avaient en quelque sorte excité l'émulation des personnes de son sexe, et allumé dans le cœur de plusieurs femmes vouées à la vie contemplative le feu de l'héroïsme. Une de celles-ci, à l'imagination vive et ardente, s'était mise sous la direction de ce fameux frère Richard que l'on connaît déjà. C'est assez dire que Catherine de La Rochelle, c'est le nom de cette *sainte femme*, dut faire de *grands progrès* sous un *maitre si habile*. Quoi qu'il en soit, l'un et l'autre, par les plus belles promesses, s'étaient efforcés de gagner les bonnes grâces du roi, sans toutefois y réussir.

Déjà plusieurs fois Jeanne avait eu occasion de la rencontrer et son digne acolyte. L'astucieuse Catherine, à force de supplications, obtint enfin un entretien secret avec la jeune bergère. Entre autres choses que cette intrigante

eut l'art de lui présenter avec cet entourage fantas-
magorique qui a tant d'empire sur les esprits
faibles, et qu'elle racontait dans un langage énigma-
tique, elle assura « qu'une *dame blanche* vêtue de
» drap d'or venait souvent dans l'ombre des nuits
» la visiter mystérieusement, et que cet être sur-
» naturel avait le pouvoir de découvrir les trésors
» cachés. » C'était plus qu'il n'en fallait pour émou-
voir le vulgaire crédule, et peut-être aussi pour
exciter la cupidité du ministre alors tout-puissant (1).

Mais il n'en pouvait être de même de Jeanne, trop
pure pour vouloir seulement repaître son imagination de pareilles rêveries : aussi accueillit-elle fort mal
cette précieuse confidance, et répondit à cette en-
thousiaste d'une nouvelle espèce, « qu'elle retournast
» bien vite à son mari, faire son mesnaige et nour-
» rir ses enfants. » Mais Catherine d'insister, de
protester de la vérité de ses discours, de verser d'a-
bondantes larmes, de prendre Dieu et les saints à
témoin de la pureté de ses intentions. (*Historique.*)

En face d'une hypocrisie si bien calculée, Jeanne
sembla se recueillir en elle-même. Après un moment
de silence, elle s'écria :

— Voudriez-vous bien me dire, Catherine, si
cette dame blanche viendra vous visiter cette nuit?

— Cette nuit même cette dame blanche m'ap-
paraîtra et viendra se mettre à mes côtés.

— Puisqu'il en est ainsi, je veux aussi la voir;
j'irai partager votre couche.

(1) La Trémouille (voy. *Le Brun des Charmettes*, t. III, p. 69).

—Venez, bien certainement vous verrez la dame blanche.

Quoique l'héroïne fût bien éloignée d'ajouter foi à tout ce qu'elle venait d'entendre, cependant elle crut pouvoir et devoir s'en assurer : ainsi point ne manqua-t-elle au rendez-vous. Sur le soir, elle vint partager la couche de Catherine, et attendre en silence que la dame blanche *se manifestât.*

. . . .

. . . .

Le lugubre beffroi venait d'ébranler douze fois les airs; et pour parler sans figure, minuit venait de sonner. Jeanne, dans l'attente de la vision surnaturelle, avait su résister aux douceurs du sommeil. Toutefois, dans son impatience, déjà plusieurs fois elle avait interrogé Catherine, qui semblait fort étonnée que la dame blanche se fît si longtemps attendre *cette nuit-là.* A la fin, soit ennui, soit lassitude, la jeune bergère s'endormit.

« Et le matin, celle-ci s'étant enquis si la dame » blanche estoit venue, Catherine répondit : Vous » dormiez alors. — Mais ne reviendra-t-elle pas la » nuit suivante? — Oui, bien certainement. Pour » ne pas être prise au dépourvu, Jeanne résolut » de reposer le jour, afin de pouvoir veiller; mais » elle ne vit rien ni cette nuit ni les nuits suivantes, » malgré les belles promesses de l'intrigante Cathe» rine. » (*Historique et interrog. du* 3 mars 1430.)

Cette preuve était décisive. Toutefois la jeune inspirée crut devoir interroger *ses voix,* qui lui répondirent « que le fait de cette femme n'étoit que folie et tout mensonge: » ce dont l'héroïne s'empressa de donner connaissance au roi. (*Historique.*)

Mais c'est trop nous arrêter à ces tableaux fantas-tiques que l'histoire semble n'avoir placés à côté de la grande figure de Jeanne que pour mieux faire ressortir cet être extraordinaire que l'Éternel dans sa sagesse ne voulut montrer qu'un instant à la perversité d'un monde méchant et corrompu.

CHAPITRE IV.

> Du poste confié sous le sceau de l'honneur,
> Au péril de sa vie, un magnanime cœur
> Défend les vieux créneaux...
>
> *(Poésies inédites de l'auteur.)*

Cependant, d'après ce qui avait été décidé dans le conseil du roi, le siége allait être mis devant Saint-Pierre-le-Moustier, petite ville assez forte par sa position au milieu de marécages, vers le confluent de l'Allier et de la Loire. La Pucelle et le sire d'Albret, chargés de cette expédition, réunirent à Bourges les troupes qui en devaient faire partie, et immédiatement après se présentèrent devant la ville en question.

L'entreprise n'était pas sans danger et offrait de sérieuses difficultés. De quelque côté qu'on arrivât, partout un sol marécageux baigné d'eaux stagnantes. L'armée assiégeante allait donc avoir à lutter, non seulement contre une ville très forte, défendue par une nombreuse garnison ; mais encore contre un autre ennemi bien plus dangereux, les maladies, et peut-être la peste, qui pouvaient la décimer : aussi La Trémouille, qui, par jalousie, s'opposait toujours à ce que Jeanne fût mise en avant,

La Trémouille, qui combattait toujours les célestes inspirations de la jeune héroïne, La Trémouille, cette fois, opina pour qu'elle fût mise avec le sire d'Albret à la tête de l'expédition. De cette *décision ministérielle* on pourrait tirer certaines conséquences que nous abandonnons volontiers au lecteur.

Quoi qu'il en soit, bien que les troupes fussent déjà depuis quelque temps devant la place, rien n'avançait, ou plutôt on était peut-être moins avancé que le premier jour ; car, en pareille circonstance, ne point faire de pas en avant, c'est reculer. Toujours est-il que Jeanne, dont le bouillant courage s'indignait de toutes ces lenteurs, eut recours à son expédient ordinaire : elle ordonna l'assaut.

« Et, rapporte une chronique, en cette occasion » firent leur debvoir ceulx qui là estoient. » Mais une nombreuse et vaillante garnison défendait la ville. Force fut donc aux assiégés de se retirer, non toutefois sans avoir éprouvé de grandes pertes.

Jeanne, toujours la première quand il s'agissait de marcher à l'ennemi, était, au contraire, toujours la dernière à quitter le champ de bataille. Ce jour-là, n'écoutant que son courage, elle était restée presque seule devant les boulevards. Le sire d'Aulon, son écuyer, voyant le danger qu'elle courait, la sollicite de suivre l'exemple des autres guerriers. Levant alors la visière de son casque, l'héroïne s'écrie, en montrant quelques braves qui sont à ses côtés : — Puis-je me retirer, tandis que ces nobles preux combattent encore pour la cause de la France ? Non, point ne me retirerai que la ville ne soit tombée au pouvoir du roi.

D'une voix forte, d'une voix que les Français ne méconnaissent jamais au jour du danger, la valeureuse amazone appelle alors ses guerriers, et ordonne d'apporter en hâte force fagots, force claies pour combler l'abîme qui les sépare encore de la ville. En un instant, et comme par enchantement, l'armée s'ébranle et se précipite comme une mer en furie vers les remparts. Chaque soldoyer est muni de claies, de solives, de poutrelles. Bientôt les fossés sont comblés; mille traits que vomissent les ennemis du haut de leurs murailles ne peuvent arrêter l'impétuosité des Français. Le danger, le trépas même, ont disparu à leurs yeux; la gloire, la gloire seule apparaît radieuse à tous les regards : c'est la jeune héroïne; elle marche la première; tous suivent ses pas; tous veulent l'imiter. C'est assez dire que le noble étendard de France flotte bientôt au sommet des remparts de la cité rebelle.

A ce moment solennel, les habitants saisis d'effroi cherchent un refuge dans les temples; mais ces asiles sacrés ne peuvent arrêter une soldatesque victorieuse. L'or consacré au culte de l'Éternel va peut-être devenir leur proie. Soudain, tel qu'un ange tutélaire, Jeanne paraît. — Que nul ne soit assez hardi pour violer le sanctuaire, pour porter une main sacrilége sur le saint des saints! s'écrie-t-elle d'une voix inspirée. Comme enchaînés par un pouvoir surnaturel, les soldats, saisis de respect, s'arrêtent, et l'arche du Très-Haut est préservée, comme par miracle, d'une sacrilége spoliation.

Après cette victoire éclatante due à son courage et à sa présence d'esprit, l'héroïne s'empressa de conduire l'armée dans l'Ile-de-France, où les ennemis, après avoir obtenu quelques succès, menaçaient les cités fidèles à la cause du roi; le danger était imminent; le comte de Clermont venait d'être battu près de Beauvais par Thomas Kiriel. Le château d'Aumale, défendu par le sire de Rambure, était tombé au pouvoir d'un autre chef anglais, le comte de Stafford. La main de fer de l'étranger semblait de nouveau s'être appesantie sur le sol de la France.

Dans ces circonstances critiques, Jeanne aurait bien désiré qu'on s'avançât contre l'ennemi; mais, par cela même, quelques chefs français sont d'un avis différent; ils veulent attaquer La Charité-sur-Loire. Cette détermination l'emporte, et l'héroïne consent, quoique à regret, à marcher avec eux.

On était alors au cœur de l'hiver (1), saison âpre, qui se fait quelquefois sentir aussi rudement sur les bords fortunés de la Loire que dans les contrées les plus septentrionales de notre belle France. Catherine de La Rochelle, cette intrigante qui suivait avec une

---

(1) Selon l'historien Alain Chartier. Toutefois, d'après la supputation fort bien faite de M. Bériat-Saint-Prix, le siége de La Charité eut lieu dans les commencements de décembre, ou même sur la fin de novembre. Cependant nous avons préféré suivre *le dire* du vieil historien. On pourrait concilier ces deux auteurs, en supposant que cette année-là l'hiver fut rigoureux et fort prématuré.

sorte d'affectation les pas de la jeune guerrière, et d'un œil curieux épiait toutes ses démarches, prit occasion de ce froid insolite pour conseiller à celle-ci de ne point aller au siége de La Charité.

— Eh ! pourquoi n'irais-je pas ? répliqua Jeanne.

— Pourquoi ? Eh ! mon Dieu ! ne voyez-vous pas que vous aurez beaucoup à souffrir de la rigueur de la saison ?

— Ce n'est que cela ! fit l'héroïne en souriant.

— Eh bien ! moi, si j'étais que vous, ajouta Catherine, je n'irais pas. (*Historique.*)

La conversation en resta là. Il est facile de voir que cette insidieuse femme, ayant sans doute entendu parler de la répugnance de Jeanne pour aller faire le siége de La Charité, ne lui donnait le conseil de n'y pas aller que pour la flatter, et peut-être aussi dans le but perfide d'empêcher qu'elle n'ajoutât une branche à la couronne de lauriers qui ceignait son front radieux.

Quoi qu'il en soit, le dévouement sans bornes de la jeune guerrière à la cause sacrée pour laquelle elle avait juré de sacrifier sa vie était bien loin de s'arrêter devant de si faibles considérations, surtout de la part d'une femme, au moins suspecte, pour ne rien dire de plus. Ainsi, bien que ce siége contrariât la manière de voir de Jeanne, elle n'en persista pas moins à faire partie de l'expédition. L'infortunée ! ! ! depuis qu'un secret pressentiment lui avait révélé que sa mission était terminée, elle ne voulait plus être que le docile instrument des volontés de son roi, le servir jusqu'au dernier moment, le servir *quand même*, le servir envers et contre tous.

Le sire d'Albret, le maréchal de Sainte-Sévère, devaient être les compagnons de l'héroïne. Toutefois les troupes étaient peu considérables, eu égard à la ville, qui était très forte, défendue par une nombreuse garnison commandée par un chef expérimenté, et qui avait donné des preuves de bravoure en plus d'une occasion.

La Charité fut bientôt investie, et canons et bombardes de tonner contre ses remparts. Bien que le siége fût conduit avec vigueur, près d'un mois s'était écoulé sans que les assiégés fissent le moins du monde mine de vouloir se rendre. L'assaut fut même tenté plusieurs fois, mais inutilement, et n'amena d'autres résultats que la perte de plusieurs braves, parmi lesquels on eut surtout à regretter le baron de Montmor, d'une antique famille du Dauphiné.

Jusque là, Périnet-Grasset, c'est le nom du gouverneur, n'avait pas fait grand bruit. En guerrier expérimenté, il savait que ce ne sont pas ceux qui crient le plus haut qui font la plus belle défense. Il savait encore, le rusé matois qu'il était, qu'il faut réserver les grands coups pour la fin, et attendre pour les frapper que son adversaire soit sur les dents... Il savait tout cela, Périnet-Grasset, et agissait en conséquence.

Toujours est-il qu'une belle nuit « *avec une mer-* » *veilleuse finesse,* » (*Chronique*) le cher homme tomba à l'improviste sur les assiégeants, qui, frappés d'une terreur panique par un bruit soudain d'armes, de trompettes, de clairons, de chevaux, horrible charivari que d'épaisses ténèbres rendaient encore plus épouvantable, levèrent en hâte le siége, non toutefois sans laisser leurs canons, leurs bombardes, leurs engins, et bon nombre des leurs.

On avait à peine eu le temps de se reconnaître, qu'on se ressouvint, mais trop tard, que les mystérieuses inspirations de Jeanne n'avaient pas été écoutées. C'était une leçon, une sévère leçon que la cause du roi venait de recevoir. Toutefois ce revers fut en quelque sorte compensé par la prise de Louviers, dont le brave La Hire, accompagné de six cents hommes déterminés, s'empara par escalade à la faveur d'une nuit obscure. Se voyant surpris, les habitants supplièrent humblement de prêter serment de fidélité à leur roi légitime. Malgré les droits de la victoire, La Hire eut la générosité de recevoir *à merci* ces gens égarés qui revenaient à la bonne cause. Le preux poussa même le désintéressement jusqu'à leur faire restituer tout ce que la guerre avait donné aux soldats. Toutefois, parmi ces Français qui revenaient de bonne foi, il se trouva quelques cœurs endurcis qui préférèrent rester sous le joug de l'Anglais. La Hire, qui ne voulait que des hommes purs, fit bon marché de ces malheureux, et les renvoya manger le pain du déshonneur au foyer de l'étranger; mais, par une juste compensation, il ne leur fut permis de rien emporter. Ainsi faisait-on alors la guerre : miséricorde et pardon pour ceux qui revenaient de bonne foi, honte et infamie pour les endurcis, pour les traîtres, et surtout pour les fauteurs de l'étranger.

Cette éclatante victoire eut les résultats les plus heureux. La Hire put alors, avec ses guerriers, battre tout le pays... « et ses gens couraient souvent » jusque bien près de Rouen. » Ce qui déplaisait fort aux Anglais, qui n'y pouvaient, ayant bien assez d'autres affaires ailleurs.

CHAPITRE V.

Ed egli avea del cul'fatto trombetta (1).
IL DANTE.

Le joug de l'étranger est une honte;
plutôt la mort, mille et mille fois la
mort!!! Honneur éternel à ceux qui, au
prix de leur sang, ont affranchi leur
patrie.

Cependant, par une juste punition du ciel, la misère la plus profonde régnait dans Paris et dans ses environs. Le duc de Bourgogne, qui s'était déclaré le protecteur de cette cité rebelle, le duc de Bourgogne, tout entier aux plaisirs de l'amour, oubliait dans les bras de la jeune épouse qu'il venait de se choisir (2), et au milieu des tournois, des fêtes (3), témoins de cet hymen, ses malheureux protégés. Toujours est-il que le trésor était vide;

(1) Ce vers est intraduisible. C'est de la tentation de saint Antoine, en poésie.

(2) Isabelle, fille de Jean Ier, roi de Portugal.

(3) Ce fut au milieu de ces fêtes que le duc de Bourgogne institua l'ordre de la Toison d'Or, en l'honneur, non de sa nouvelle épouse, mais bien d'une dame de Bruges, dont les cheveux rappelaient un peu trop la couleur blonde. Ainsi cet ordre célèbre doit son origine à la fantaisie bizarre d'une imagination licencieuse, ou plutôt n'est que l'emblème d'une *chose* que l'on rougirait de nommer.

l'argent était devenu si rare que les magistrats ne
recevaient plus depuis longtemps les honoraires de
leurs charges. Parmi le peuple ce n'étaient que
pleurs, que gémissements. A peine s'il avait le
strict nécessaire ; tandis que ses oppresseurs, les
perfides étrangers, se riaient, au sein de l'abondance,
de la misère dont ils étaient la cause. Dans les
campagnes, la position des pauvres paysans n'était
pas moins déplorable. Tour à tour pillés et rançonnés par les ennemis et les troupes de Charles,
ils ne savaient plus de quel côté se tourner, à quel
saint se vouer, pour quel maître se déclarer.

D'humbles plaintes, de tristes doléances s'élevaient bien quelquefois du sein de ce peuple aux
abois, mais c'était la voix qui criait dans le désert ;
ou plutôt à ces cris de détresse, le joug de l'étranger n'en devenait que plus pesant, et, pour parler
sans figure, Anglais et Bourguignons n'avaient que
des verges de fer pour tant d'infortunes ; heureux
encore quand ils ne s'offensaient pas des larmes des
malheureux, et que d'affreux supplices ne venaient
pas ajouter à tant de maux. Et c'était au milieu des
horreurs d'un hiver rigoureux, c'était au sein des
éléments déchaînés, sur des rives glacées, couvertes de neiges et de frimas, que tant de calami-
tés réunies présentaient ce spectacle lamentable.

Pour couronner dignement ces scènes de désolation et de deuil, les enfants de Bellone n'attendaient
que le retour des beaux jours pour recommencer la
guerre avec plus d'acharnement et de furie que jamais. Les chefs ennemis brûlaient surtout de se

venger de l'audace des troupes royales, qui venaient par petits partis fourrager jusqu'aux portes de la capitale. Toujours est-il que les sires de Saveuse et de Brimeu, auxquels le duc de Bourgogne avait confié la défense de celle-ci, résolurent de faire une sortie et de tomber à l'improviste sur les Français. Accompagnés seulement de cinq cents soldoyers, ils crurent pouvoir se mesurer avec les valeureuses troupes de Charles; mais celles-ci avaient eu vent du projet de leurs adversaires : avec autant d'habileté que de ruse, elles simulè-rent à la vue des ennemis une fuite précipitée, qui n'était qu'un piége, un moyen d'attirer ceux-ci dans une embuscade, où ils vinrent étourdiment tomber. Les envelopper, occire sans miséricorde les plus mutins, faire prisonnniers les autres, fut l'af-faire d'un moment... Cette brillante journée, outre la gloire et l'honneur, valut aux vainqueurs des sommes considérables : c'était la rançon de plu-sieurs chefs anglais et bourguignons.

Un succès en amène presque toujours un autre. Profitant des ombres d'une nuit fort obscure, les Français surprirent par escalade la ville de Saint-Denis, passèrent au fil de l'épée la garnison bour-guignonne, pillèrent la ville, dans laquelle ils trou-vèrent à faire un riche butin, puis l'abandonnèrent avant que les ennemis, revenus de leur surprise, se fussent aperçus du petit nombre de guerriers à qui ils avaient eu affaire.

Cependant plusieurs petites forteresses de l'Ile-de-France et des provinces voisines passaient tour

à tour de la domination française sous celle des ennemis , et de celle-ci sous le sceptre paternel d'un
Valois. Les Anglais, entre autres , venaient de reprendre en Normandie le castel d'Estrepagny, que
le sire de Rambures avait longtemps défendu avec
un courage digne d'un meilleur succès. A peu près
à la même époque ils s'emparèrent encore , sous la
conduite du bâtard de Clarence, du château de
Torcy. Pour prix de sa belle défense, le noble
manoir fut rasé impitoyablement par un ennemi
féroce et barbare.

Sur d'autres points , de brillants succès obtenus
par les troupes royales compensaient ces revers
assez insignifiants. Les habitants de Melun , entre
autres, surent, par une merveilleuse adresse, saisir
le moment favorable pour secouer le joug abhorré
de l'Anglais. Dreux de Humes était gouverneur de
cette ville. Selon la louable coutume de ses pareils ,
il était sorti de la forteresse pour aller piller les campagnes , rançonner les pauvres paysans, violer femmes et filles, faire le brigand en un mot. Par une
inconcevable imprévoyance, il n'avait laissé que
cent des siens pour défendre Melun. C'était trop ou
trop peu.

Quelques notables habitants imaginèrent alors
de répandre habilement le bruit, pour stimuler
leurs concitoyens, qu'un corps de troupes, presque entièrement composé de Picards , allait venir
tenir garnison dans la ville. C'était une affreuse
nouvelle , s'il en fut jamais ; car, pour le dire
en passant, ces Picards étaient redoutés pour leur

brutalité, leurs brigandages. Il n'y avait qu'un seul moyen de parer au malheur d'avoir de tels hôtes : c'était de profiter du petit nombre d'Anglais restés dans la place pour leur tomber sus et se rendre maîtres de celle-ci. Un tel projet était digne de bons Français, c'est assez dire qu'il fut adopté avec enthousiasme.

Or, il y avait dans la cité un vieillard qui, dans sa jeunesse, avait été trompette dans les troupes du roi. Quoique le généreux guerrier eût conservé avec un soin religieux son antique instrument, jamais il n'avait voulu le prostituer au service avilissant de l'étranger. Mais le moment était venu d'en faire retentir les magiques éclats pour briser les fers de ses compatriotes. Oui, c'est au son des fanfares du noble instrument que l'heure de la liberté va sonner pour les braves habitants de Melun.

Toujours est-il qu'un beau jour, le cri mille fois répété de *vive le roi! vive Charles!* se mêle soudain aux accents de la trompette. A ce cri national, à ces sons belliqueux, les citains, dans l'enthousiasme, courent aux armes, et, comme des lions, tombent à l'improviste sur Anglais et Bourguignons. On se défend mal quand on est si chaudement attaqué. C'est assez dire que, surpris, saisis de terreur, les ennemis n'ont que le temps de se réfugier dans le château, non sans laisser bon nombre des leurs abattus sous les coups des Français.

Toutefois il était facile de prévoir, et vraisemblablement les habitants prévirent que, s'ils n'étaient secourus, ils ne pourraient se défendre contre les Anglais, qui, sans doute, allaient revenir en force : aussi ceux de Melun se hâtèrent-ils de demander des secours au sire Nicolas de Giresmes. A la voix de ses frères, le noble preux accourt, et avec lui le sire de Chailly. Une fois dans la ville, ils cernèrent le château, et, de concert avec les habitants, se préparèrent à la défendre vigoureusement.

Qui fut bien étonné? ce fut Dreux de Humes, lorsqu'il revint, avec les siens, chargés des dépouilles des malheureux paysans, devant les murs de Melun. Les portes étaient closes, et les remparts bordés de guerriers qui n'étaient pas ceux qu'il avait laissés. Force lui fut alors de se retirer honteusement et la rage dans le cœur; se promettant bien, toutefois, d'avoir raison d'un trait si noir.

A la voix de ce léopard rugissant, bientôt toutes les garnisons anglaises et bourguignonnes des environs se ruèrent sur Melun. C'en était fait de la malheureuse ville; ses ruines allaient peut-être attester une effroyable vengeance. Mais les sires de Giresmes et de Chailly étaient là; Jean Foucault, de Housse (1), autres valeureux guerriers français, venaient également d'arriver. La jeune héroïne elle-même, Jeanne, qui ne défaillait jamais au jour du danger, avait aussi voulu défendre une cité fidèle à

(1) Famille de l'ancienne chevalerie de Lorraine, issue des comtes de Stonhelone en Hollande. Elle posséda longtemps la baronnie de Watronville, pairie de l'évêché de Verdun, qui lui fut apportée en mariage par Jeanne de Watronville, fille de Robert et de Marguerite de La Tour en Woevre.

son roi. C'est assez dire qu'une éclatante victoire
fut le prix du dévouement de tant de généreux
guerriers; qu'Anglais et Bourguignons prirent honteusement la fuite; que le château de Melun se
rendit quelques jours après, et qu'enfin la ville
put inscrire sur ses archives sa fidélité, son courage et son noble dévouement.

CHAPITRE VI.

Il est de célestes émanations que le ciel
verse quelquefois dans le cœur des mortels... ce sont les pressentiments.....

Cependant les malheureux Parisiens, éclairés par
l'infortune, ouvraient enfin les yeux. Le joug igno-
minieux de l'étranger était devenu intolérable; il
fallait le briser, coûte que coûte. On supportait,
moins impatiemment, à la vérité, la domination du
duc de Bourgogne; mais, au terme des traités, son
soi-disant protectorat expirait *à briefs jours* (aux
solennités de Pâques) et l'on retombait alors sous
la domination anglaise... Plutôt mourir mille et
mille fois que de subir de nouveau ce joug infâme
et exécré!!!

Ainsi s'expliquait, sans trop se cacher, la grande
majorité des habitants de Paris. Évidemment la poire
était mûre; il ne s'agissait plus que de trouver quelqu'un de tête et de cœur pour la cueillir; un de ces
êtres privilégiés qui valent à eux seuls du fer, de l'or,
une armée; qui peuvent, en un mot, tout ce qu'ils
veulent; car, voyez-vous, celui-là est maître de la
destinée des autres, qui a fait courageusement le sacrifice de la sienne, et s'est dit : *Ma vie n'est rien,
pourvu que mon pays soit libre!!!*

. . . .

. . . .

Accourez, anges tutélaires! accourez, soyez en aide à l'infortunée, ou plutôt allez implorer son pardon... Allez vous prosterner devant le Saint des saints...

Accourez, anges tutélaires! accourez, soyez en aide à l'infortunée...

On va vite quand on prend la voie que la pauvre captive venait de prendre. Rarement rencontre-t-on des compagnons de voyage pour vous barrer le chemin qui, du reste, est assez large, fort uni et d'une pente très rapide. Quoi qu'il en soit, Jeanne n'était plus prisonnière, mais n'en était guère plus avancée. Elle s'était blessée grièvement, et, sans aucun doute, elle se serait tuée, si le sol, assez fangeux en cet endroit, n'eût amorti sa chute, ou plutôt le saut de deux cents pieds qu'elle venait si imprudemment de faire.

Quelques malheureux serfs attachés à la glèbe, et qui arrosaient de leur sueur la noble terre de Beaurevoir, avaient aperçu quelque chose tourbillonnant dans l'espace. Toutefois, ils étaient loin, bien loin de se douter de la vérité, encore bien moins de soupçonner que ce qu'ils avaient entrevu pût être une femme et que cette femme fût Jeanne. Car, voyez-vous, en ce temps-là, serfs et vilains ignoraient complétement, si ce n'est aux horions qu'ils recevaient quelquefois par contre-coup, ce qui se passait chez les grands de la terre. Ils ignoraient ces pauvres gens *corvéables et taillables à merci*, ce qui se passait dans un vieux manoir féodal, ou plutôt ne se souciaient guère, et pour cause, d'en savoir quelque chose. De sorte que ces bons paysans s'imaginèrent avoir eu une vision, dont, toutefois, ils crurent de leur devoir de dire respectueusement deux mots à quelques soldoyers qui vinrent à passer, et qui n'eurent rien de plus pressé que d'aller voir ce que c'était.

Jeanne, vous devez bien le penser, était dans un piteux état quand on la releva, d'aucuns crurent même qu'elle était *trépassée* (on trépasserait à moins). Mais le maître mire de céans n'était pas loin, on l'envoya quérir ; et tout d'abord le charlatan, au grand étonnement des assistants et moyennant quelques simples, quelque baume de Fier-à-Bras, eut l'air de faire revenir à la vie la pauvre *navrée*, qui, encore tout étourdie de son saut périlleux, ne savait où elle était ni comment elle était venue là. Quelques bonnes femmes, il s'en rencontrait alors quelquefois, lui apprirent qu'elle avait *sailli* de la tour, et deux ou trois soldoyers, on voit encore aujourd'hui passablement de ceux-ci, ajoutèrent d'un ton assez brutal qu'ils allaient l'y reconduire... C'était le dénouement assez probable de la tragédie que Jeanne venait de jouer.

De vieilles chroniques rapportent qu'elle ne fut pas plus tôt réintégrée dans sa prison, que ses deux célestes protectrices vinrent la consoler, et lui dirent « de prendre courage, qu'elle *gariroit*, et que » ceulx de Compiègne *airoient* secours... »

Cette promesse était faite pour consoler la courageuse prisonnière, ou du moins lui faire prendre patience. Toutefois, de désespoir de n'avoir point réussi dans sa périlleuse tentative, elle fut plusieurs jours sans vouloir prendre aucune mourriture. Plus préoccupée des dangers que couraient les malheureux habitants de Compiègne que de ses propres souffrances, elle avait résolu de se laisser mourir de faim, et peut-être aurait-elle eu le courage d'accomplir ce funeste projet, qui demande une si grande force de caractère, si ses célestes protectrices n'étaient encore venues *la reconforter*, et lui dire «de crier mercy, de demander pardon à Dieu de » ce qu'elle avait sailli...»

Jeanne s'humilia donc; Jeanne implora celui qui est toujours disposé à recevoir dans ses bras sa créature coupable et repentante, et soudain le courage revint à l'infortunée. Elle consentit à vivre, puisque Dieu le voulait, puisqu'il pardonnait, puisqu'il avait décidé, dans ses décrets impénétrables, que la victime serait offerte en holocauste sur un autre autel.

CHAPITRE VII.

Je le veux! ne suis-je pas le maître?
est la raison de ceux qui n'en ont pas de
bonnes à donner.

Ah! que l'amour de l'or fait faire de
bassesses!...

Quand on a commis une vilenie, on
trouve toujours de mauvaises raisons
pour la colorer.

Cependant le vieux château de Beaurevoir retentissait du bruit des armes, du hennissement des
coursiers. Un gros de cavaliers, sous la conduite
de quelques chefs, venait d'arriver céans. Armés
de toutes pièces, la lance au poing et la dague au
côté, ces guerriers parcouraient le manoir féodal,
peu d'instants auparavant solitaire et silencieux.
Leurs éperons, leurs lourdes épées, faisaient gémir
les dalles de marbre. La voix des nouveaux venus
était brève, saccadée, le langage qu'ils parlaient
presque inintelligible, leur aspect dur et repoussant,
pour ne pas dire barbare : c'étaient des Anglais.

De temps en temps, un chef, que l'on ne pouvait
méconnaître à son casque orné de plumes, à son
bouclier chargé d'emblèmes et de devises, à sa cui-

rasse richement damasquinée, plaçait des sentinelles à toutes les issues, à tous les passages, et disait à voix basse quelques mots... Au-dehors, on semblait encore redoubler de vigilance; plusieurs cavaliers étaient en observation sur les différentes routes qui conduisaient au castel, et l'huis principal qui s'ouvrait sur le pont-levis suspendu à la voûte du vieux donjon, était gardé par un gros de soldoyers armés de pied en cap.

La grande salle du manoir, qui depuis long-temps n'avait pas été ouverte, était ce jour-là pompeusement décorée. A la place d'honneur, se voyaient la châtelaine de Beaurevoir et la jeune demoiselle de Luxembourg. La plus grande tristesse était peinte sur le visage de ces deux dames; il était même facile de s'apercevoir qu'elles s'efforçaient de dérober les larmes qui inondaient leurs yeux; et qu'elles semblaient comme dans l'attente ou plutôt dans l'appréhension de quelque événement extra-ordinaire. Grand nombre de siéges apparaissaient encore autour d'une vaste table couverte d'un riche tapis de velours, et faisaient présager que de nouveaux hôtes ne tarderaient pas à arriver.

Soudain un jeune page parut, et, d'une voix en-fantine, annonça le sire de Luxembourg.

C'était lui-même, en effet, qui s'avançait. Il était revêtu d'une armure étincelante, richement da-masquinée, et une longue et lourde épée était sus-pendue à son côté. La tête du preux était nue; mais son casque d'or, orné de plumes aux couleurs de son antique blason, était porté par un écuyer.

L'air du noble chevalier, ordinairement serein, quoique toujours fier, avait, ce jour-là, je ne sais quoi de contraint, de sombre, de soucieux... Il était facile de s'apercevoir que le fond de son cœur était violemment agité... Ah! grands de la terre, votre regard le dit assez, vous n'êtes pas toujours heureux, et trop souvent vous payez bien cher votre puissance.

Quoi qu'il en soit, s'étant avancé avec courtoisie vers la dame de Beaurevoir, le preux lui prit la main et la porta respectueusement à ses lèvres ; puis se tournant vers sa sœur, la jeune et belle Nantilde, il la baisa sur le front. Tout cela se fit sans se dire un seul mot, mais non sans que les nobles dames répandissent beaucoup de larmes, et sanglotassent bien fort et bien haut.

Après avoir fait quelques pas et considéré d'un air rêveur les portraits de ses ancêtres, qui décoraient, avec des trophées d'armes, les panneaux de cette vaste salle, il vint s'asseoir entre son épouse et sa sœur. Le silence régnait toujours, mais il était facile de deviner que, de part et d'autre, on avait quelque chose à se dire.

Il fallait bien pourtant le rompre ce silence forcé. Naturellement c'était au sire de Luxembourg que ce rôle revenait : n'avait-il pas plus d'un sujet de prendre la parole ? Son devoir, par exemple, n'était-il pas, en chevalier courtois, de chercher à consoler les deux belles affligées ? Depuis son arrivée, la profonde douleur de ces dames semblait avoir encore redoublé. C'étaient, pour le dire en passant, des fontaines de larmes à défier tous les mouchoirs d'une douairière, ou, si vous voulez, d'une veuve inconsolable. Toujours est-il qu'après avoir jeté plusieurs fois, avec un embarras visible, ses regards et sur son épouse et sur sa sœur, il adressa enfin la parole à la première, en s'efforçant de prendre un ton affectueux, que la sévérité empreinte sur tous ses traits démentait fort.

— Eh bien ! madame, je viens encore de recevoir une requête... Vous saviez déjà toutes ces belles remontrances que l'Université de Paris m'avait faites ; aujourd'hui, c'est le tour de sa grandeur le seigneur évêque de Beauvais.

— Pierre Cauchon, ce prélat traître à son roi ? reprend vivement madame de Beaurevoir.

— Madame, il ne s'agit pas de sa félonie, cela ne nous regarde pas ; mais bien de Jeanne la Pucelle, qui est en notre pouvoir.

— Et de quel droit, lui, se mêle-t-il de cette infortunée ?

— De quel droit, dites-vous ? Par Dieu ! il fait son métier : il accuse Jeanne de magie, de sorcellerie et de bien d'autres crimes, et nous somme, au nom du roi d'Angleterre, de la livrer moyennant finances, pour faire et parfaire son procès.

— Et vous n'y consentez pas, et vous n'y consentirez jamais sans doute ? Un noble preux, un haut et puissant seigneur comme vous, dont l'honneur est la loi suprême, repoussera, avec le mépris qu'elle mérite, l'injonction insolente d'un prélat couvert d'opprobre et d'infamie.

— Ah! madame, si nous n'avions à répondre qu'à l'évêque de Beauvais, nous saurions bien que faire... mais il parle au nom du roi d'Angleterre, et le duc de Bourgogne, mon seigneur et maître, nous engage fort à obtempérer au désir du roi. A vrai dire, nous sommes fort embarrassés...

— Jamais le sire de Luxembourg ne consentira à tremper ses mains dans le sang innocent.

— Madame, ce n'est point à nous qu'il appartient de décider du bon droit de Jeanne, mais bien aux gens d'église, et à tous ces maîtres clercs crossés et mitrés.

— Elle est entre vos mains; ainsi le droit de la guerre et le droit des gens, et mieux que tout cela, l'honneur, vous ordonnent de la protéger; et puis, un sire de Luxembourg ne doit de comptes à personne...

— A la bonne heure! s'écrie celui-ci en se redressant; je sais cela ainsi que vous, madame; mais quelquefois l'intérêt, la politique... Savez-vous l'énorme rançon que le roi d'Angleterre me fait offrir (1)?

— Raison de plus pour refuser. Si vous acceptiez, on dirait partout qu'un sire de Luxembourg n'a pas osé tenir tête à un roi d'Angleterre. Et, le pire

(1) Les mémoires du temps rapportent que les Anglais, pour se procurer cette somme, mirent une taxe sur la Normandie et sur toutes les villes qu'ils tenaient encore en France. Cette taxe, portait l'ordonnance royale, était établie pour *la rançon de la Pucelle qu'on dit être sorcière.*

de tout, on ajouterait qu'un noble chevalier comme vous a plus aimé l'or que l'honneur.

— Qui dirait cela serait bien hardi! s'écrie le preux en portant fièrement la main à son épée.

— Croyez-moi, sire de Luxembourg, renvoyez à ce prélat inique, à ce Pierre Cauchon, évêque éhonté de Beauvais, son infâme requête, et gardez Jeanne, oui, gardez-la dans votre manoir. Que votre épée, votre vaillante épée la protège envers et contre tous. Sachez faire entendre au roi d'Angleterre, que dis-je? faites voir au monde entier que nul n'est assez puissant pour vous forcer la main, pour arracher cette malheureuse jeune fille à votre puissant patronage... C'est là le rôle honorable, c'est là le rôle glorieux qui convient à un sire de Luxembourg; oui, c'est le seul qui lui convienne. Jamais tache ne souilla son noble blason; jamais! agir différemment serait le traîner dans la fange; et, pour tout dire en un mot, qu'on sache une bonne fois que la réponse d'un preux tel que vous est au bout de son épée.

— C'est noblement parler, madame; ainsi que vous je vois la chose. Je plains beaucoup Jeanne; je me ris de l'Université de Paris; je crains peu ou point le roi d'Angleterre, et je méprise souverainement Pierre Cauchon. Mais, voyez-vous, la politique a des exigences; elle veut quelquefois qu'on se relâche des principes; et plus on est élevé, ajoute le preux en se redressant et en haussant le ton, plus on est obligé de sacrifier, en certaines circonstances, à cette divinité. Que voulez-vous! c'est un malheur, c'est une fatalité pour la pauvre Jeanne, qui passera mal son temps chez les Anglais... Quant au sire de Luxembourg, il s'en lave les mains...

— Ainsi donc, vous consentiriez à livrer votre prisonnière à ses plus cruels ennemis?

— Consentir n'est pas le mot, s'écrie celui-ci en interrompant vivement son épouse; c'est, au contraire, le sire de Luxembourg qui veut bien condescendre aux prières que lui fait le roi d'Angleterre.

— C'est insulter un noble guerrier que d'oser lui faire une pareille demande, reprend avec feu madame de Beaurevoir; et y acquiescer, quel que soit le prétexte d'une telle condescendance, serait indigne du nom qu'il porte.

— Prenez garde, madame! s'écrie le preux, dont le regard est flamboyant; prenez garde! il est plus facile d'accuser un noble chevalier comme moi que de le convaincre; mais, dans tous les cas, il est dangereux de l'oser, et, dans ce moment, tout autre que vous l'apprendrait.

— La dame de Beaurevoir est loin de s'offenser de la susceptibilité de son époux : aussi se refuse-t-elle à croire que l'ignominie puisse entacher jamais son glorieux blason.

— Tenez, madame, brisons là-dessus, s'écrie le guerrier en se levant avec vivacité. Je connais aussi bien et mieux qu'une femme les règles de l'honneur, et quand je prends un parti, je sais que j'ai le droit de le prendre. Sachez donc, si déjà ne le savez, que dans quelques instants vont se rendre dans cette salle les envoyés du roi d'Angleterre. Ils viennent de la part de ce prince réclamer l'accomplissement de mes promesses. Oui, je serai fidèle à mes promesses, vous en serez témoin, et vous apprendrez, si par hasard vous l'aviez oublié, vous apprendrez que je suis souverain en ce castel.

Et, en disant ces mots, le chevalier, dont le regard étincelle, frappe avec force de son gantelet le pommeau de son épée, qui retentit avec un bruit terrible.

Madame de Beaurevoir se tut, baissa son voile, et sanglota de plus belle. Que pouvait-elle contre l'inflexible volonté de son féodal époux, de son seigneur et maître ? Car, en ce temps-là, non seulement un mari était tout-puissant, et parfois le faisait bien sentir, mais ignorait encore l'art si fort à la mode de nos jours de se laisser mener, par le bout du nez, par une *douce et chaste* moitié. Il faut l'avouer, les maris étaient alors bien *barbares!* et leurs femmes bien *bonnes!* j'allais dire *sottes*, de n'avoir pas encore trouvé ce beau secret qui fait d'un mari moins qu'un esclave.

Quoi qu'il en soit, les envoyés de monsieur le roi d'Angleterre ne se firent pas longtemps attendre. A peine le sire de Luxembourg avait-il terminé son éloquente péroraison, qui en disait cent fois plus qu'elle n'était longue, qu'un cliquetis d'armes, d'éperons, d'épées, de lances, retentit sur les larges dalles du vestibule qui précédait la salle de cérémonie. Bientôt parurent à l'huis trois ou quatre chefs armés de pied en cap, précédés de deux pages et suivis de quelques écuyers ; les soldoyers et les hommes d'armes restèrent à la porte.

Le salut des chefs anglais fut respectueux pour les deux dames, et bien solennel pour le maître de céans. Celui-ci y répondit d'un air sévère. Aussitôt après, deux écuyers déposèrent un lourd coffret d'ébène, incrusté d'or et de nacre, sur la vaste table couverte d'un tapis de velours aux armes de sire de Luxembourg. Puis ce dernier, ayant invité les chefs à s'asseoir, prit place au milieu d'eux. Derrière se tenaient debout six écuyers portant les casques et les écus des chevaliers. Inutile d'ajouter, on le sait déjà, qu'en face de ce redoutable aréopage, à l'autre extrémité de la salle, et près du manteau de l'immense cheminée soutenue par des colonnettes de marbre, décorée d'arabesques, de blasons, de devises, étaient assises dans des siéges à dos, les nobles châtelaines du vieux manoir. De grands voiles de soie laissaient à peine apercevoir leurs traits. Quant aux jeunes pages, ils se faisaient des niches, et, pour passer le temps, donnaient en tapinois mainte croquignole, mainte nazarde, maint camouflet aux écuyers qui n'en pouvaient mais. Je dois vous dire aussi, mais tout bas, que parfois ils essayaient de jouer de la prunelle dans la direction des deux dames. Mais, de ce côté, à leur grand déplaisir, il n'y avait moyen de rire ; on était trop affligé.

Cependant le plus profond silence régnait au

sein de l'assemblée. Seulement on avait pu remarquer que le sire de Luxembourg, peu après l'arrivée des chefs anglais, avait dit quelques mots à voix basse à son écuyer, qui était sorti incontinent, sans doute pour remplir quelque mission fâcheuse; on pouvait le soupçonner du moins, car on avait vu soudain ses traits se rembrunir, et les larmes des nobles châtelaines redoubler.

C'était vraiment un pénible moment que celui-là. La tristesse était peinte sur tous les visages. On se regardait en silence avec un air contraint et embarrassé, et tout près étaient deux dames qu'on voyait à peine, à cause de leurs grands voiles, mais dont on entendait fort bien les sanglots et les gémissements. Quant au sire de Luxembourg, il éprouvait intérieurement, il était facile de s'en apercevoir, une vive agitation, qu'il s'efforçait en vain de déguiser par son air martial et imposant. Mais, chut! écoutez! n'avez-vous pas ouï un léger bruit au-dehors? des pas précipités n'ont-ils pas fait retentir le vestibule? ne vous semble-t-il pas que quelqu'un va paraître? Vous ne vous trompez pas, l'huis s'ouvre, on entre...

C'est Jeanne!!!

Soudain tous les regards se portent sur cette infortunée. A sa vue, l'étonnement ou plutôt l'admiration se peint dans tous les regards. Le long voile dont s'étaient enveloppées les nobles dames du castel est tombé comme par enchantement. Elles contemplent avec une profonde tristesse la pauvre jeune fille à laquelle elles portent un si touchant intérêt.

Le sire de Luxembourg lui-même est vivement ému. A peine peut-il adresser la parole à celle-ci pour l'inviter à s'asseoir sur un siége qui était resté vacant près de lui.

La prisonnière s'avance alors avec modestie, salue l'assemblée, et s'assied près du chevalier.

En ce moment solennel, il faut bien le dire, l'héroïque captive, malgré l'anxiété qu'elle éprouve, malgré le vif chagrin qui la torture, est cent fois moins émue que tous ces guerriers qui l'entourent. Savez-vous pourquoi? l'innocence aux mains pures et virginales, l'innocence est dans son cœur. Le remords, l'affreux remords déchire déjà de son brûlant aiguillon celui de ses ennemis, et surtout de l'homme assez lâche, c'est le mot, pour la livrer : aussi acheteurs et vendeur osent à peine regarder ou plutôt tremblent devant la victime sans tache qu'ils conduisent au sacrifice.

Déjà, plusieurs fois, Jean de Luxembourg, qui préside en quelque sorte l'assemblée, avait voulu prendre la parole, et toujours les mots étaient venus expirer sur ses lèvres tremblantes et décolorées. Mais la sauvage et brutale impatience des chefs anglais s'irrite de tout délai. Un d'eux se lève alors, et s'adressant au noble châtelain, *le requiert de passer outre.*

Le Rubicon venait d'être franchi : c'était le signal de la trahison ; il n'y avait plus à reculer. Jean de Luxembourg fit alors un effort terrible, et, d'une voix lente, solennelle, prononça les paroles suivantes :

— Jeanne, nous vous avons fait venir en notre présence, pour vous donner avis, afin que vous n'en ignoriez, que haut et puissant prince, le roi d'Angleterre, que Dieu bénisse, nous a fait offrir votre rançon, par l'entremise de sa grandeur, le seigneur évêque de Beauvais. En conséquence, après y avoir mûrement réfléchi, de l'avis de notre conseil et avec l'approbation du duc de Bourgogne, notre seigneur et maître, nous avons jugé bon et convenable d'acquiescer à la requête à nous faite par ledit haut et puissant prince, le roi d'Angleterre, et, moyennant rançon, de vous remettre à ses délégués pour faire de votre personne ce que de droit ; déclarant, en outre, en présence de tous les nobles, écuyers et chevaliers ici présents, qu'ayant reçu ladite rançon, nous n'avons plus aucun droit sur votre personne ; qu'ainsi Dieu nous soit en aide et à vous aussi !

Tandis qu'une joie féroce brillait dans les regards des barbares insulaires, le désespoir s'était emparé de Jeanne. Non moins émues que l'infortunée, les nobles dames se prirent alors à sangloter tout haut. Jean de Luxembourg lui-même, à ce déchirant spectacle, ne put assez se contraindre pour dérober quelques larmes qui s'échappèrent de ses yeux et tombèrent, comme des témoins accusateurs, sur la cassette qu'il tenait devant lui.

Cependant la stupeur a fait place à l'indignation dans le cœur de Jeanne. N'a-t-elle pas le droit de stigmatiser celui qui la livre, de lui reprocher en face sa trahison, de lui reprocher le sang innocent,

qu'au mépris des lois de la guerre, il va faire verser?
Car, elle ne sait que trop, l'infortunée, elle ne sait
que trop en quelles mains elle est tombée. Oui, c'est
pour elle un testament de mort, le contrat qui a
scellé l'odieux marché qui vient d'être conclu.

Toujours est-il que Jeanne se levant avec dignité, interpelle Jean de Luxembourg, et lui demande de quel droit il livre sa prisonnière à des
ennemis cruels et implacables?...

— Ne savez-vous pas, ajoute-t-elle avec feu, ne
savez-vous pas que le droit des gens, que celui de
la guerre, ne vous autorisent pas à nous livrer à
d'autres, mais seulement à nous retenir dans les
fers, en attendant que notre seigneur et maître, le
roi de France, ou les siens, paient notre rançon?
Et que lui répondrez-vous, à Charles de Valois,
que répondrez-vous à ce noble sire, lorsqu'il nous
réclamera? lorsqu'il réclamera le dépôt sacré dont
vous êtes redevable aux chances de la guerre, mais
dont vous n'êtes que le dépositaire? Ne craignez-
vous pas qu'il ne vous en rende responsable, qu'il
ne vous rende responsable de notre vie? Et, si nos
tristes prévisions se réalisaient, n'avez-vous pas à
redouter qu'il ne vous traite de déloyal, de félon,
qu'il n'ait recours à de justes représailles? Oui,
sachez-le bien, le jour de la justice arrivera. Redoutez alors, redoutez la vengeance des hommes et
celle de celui qui ne laisse jamais le crime impuni.

Ces sanglants reproches semblent rendre à Jean
de Luxembourg toute son énergie; son cœur si fier
ne peut endurer ces prophétiques avertissements;

son âme de fer en est profondément blessée. Il se lève comme un furieux ; ses yeux lancent des éclairs ; ses gestes respirent l'indignation ; des mots entre-coupés s'échappent de sa poitrine ; le lâche ! il menace, il ose menacer Jeanne...

Mais avec non moins de vérité que de courage, celle-ci lui répond :

— Jean de Luxembourg, vous m'avez traîtreusement vendue, je ne vous appartiens plus ; vous n'avez plus aucun droit sur moi, pas même celui de l'injure ; allez, allez cacher votre infamie avec votre or.

A ces mots, la rage du guerrier est à son comble, il porte la main à son épée, peut-être le sang va-t-il couler...

Mais le chef anglais qui représente ici le roi d'Angleterre se hâte d'intervenir ; il se sent fort : les siens sont là et en grand nombre. Lui aussi, il met la main sur la garde de son épée, et jure par tous les diables et tous les saints du paradis qu'il ne souffrira pas qu'un seul cheveu tombe de la tête de celle qu'il vient d'acheter à beaux deniers comptants, de celle qui est maintenant la propriété de son souverain. Dans sa brutale fureur, le fier insulaire s'oublie même jusqu'à insulter le maître de céans...

— Arrière ! arrière ! chevalier déloyal ! s'écrie-t-il en s'adressant à Jean de Luxembourg, arrière ! Mille cornes de Beelzébut ! reprend-on ce que l'on a vendu ? Arrière ! encore une fois, Jeanne est à nous.

Et en disant ces mots, l'insolent a tiré sa longue épée et l'a interposée entre la prisonnière et le félon qui vient de la livrer.

A ce spectacle déplorable qui peut devenir une scène de carnage, les nobles dames du manoir poussent des cris déchirants. Elles se précipitent entre les deux guerriers, ou plutôt entre les deux combattants : car alors, pour bien moins, on se coupait la gorge.

— Non! s'écrie la dame de Beaurevoir en se jetant aux pieds du féroce insulaire, non! le sire de Luxembourg n'a point vendu, n'a pu vendre Jeanne. Loin de là, son devoir est de la protéger; oui, il la protégera envers et contre tous. N'est-elle pas sa prisonnière? Reprenez donc votre or, seigneur, reprenez votre or et allez dire à votre roi : — Nous avons vu, nous avons admiré l'héroïque jeune fille que vous réclamez; mais nous n'avons pu trouver sur la noble terre de France un seul chevalier félon pour nous la livrer.

Et en prononçant ces mots sublimes, la dame de Beaurevoir verse des larmes brûlantes, et, de l'accent le plus pathétique, conjure le fier insulaire de reprendre sa rançon.

Mais celui-ci d'une voix tonnante s'écrie :

— Il n'est plus temps! la parole d'un chevalier est sacrée et inviolable. Nous avons reçu celle du sire de Luxembourg : ainsi Jeanne est à nous, Jeanne nous appartient, Jeanne est la prisonnière du roi notre maître. Puis s'adressant à celle-ci, le chef anglais ajoute : Jeanne! au nom du pouvoir

que nous avons acquis sur vous, Jeanne, suivez-
nous!

— Arrêtez, de grâce, arrêtez! vous ne pouvez
faire violence à Jean de Luxembourg dans son
propre manoir, s'écrie de nouveau la dame de
Beaurevoir en faisant retentir la vaste salle de ses
cris déchirants... Mieux informé, mon noble époux
ne consent plus à vous vendre Jeanne; que dis-je?
il ne le pourra jamais, l'honneur le lui défend.

Puis s'avançant vers la jeune prisonnière, la courageuse châtelaine ajoute :

— Venez, Jeanne, venez avec nous, nous ré-
pondons de vous, on ne peut vous arracher de nos
mains; oui, nous sacrifierons plutôt notre vie s'il
le faut... Mais non, il ne sera besoin d'en venir à
cette extrémité; de courtois chevaliers ne font point
violence à de faibles femmes; ils les respectent, ils
les protègent, c'est leur devoir, c'est un noble et
beau devoir qu'ils sauront remplir.

— Madame, s'écrie le chef anglais, qui peut à
peine maîtriser l'impatiente fureur qui le possède,
madame, nous vous en conjurons, au nom de
Dieu! que votre grâce reste étrangère à ces fâcheux
débats. Sans doute nous respectons, nous saurons
toujours respecter votre douleur, vos larmes, le vif
intérêt que vous semblez porter à Jeanne; mais
notre devoir de chevaliers se borne là; bien plus, ce
même devoir, comme sujets du roi d'Angleterre,
nous défend d'en faire davantage, et nous serions
coupables envers notre seigneur et maître, nous
serions traîtres, félons, déshonorés à tout jamais,

si nous transigions aujourd'hui avec les lois de la
guerre. Votre noble époux vient de nous remettre
Jeanne solennellement et moyennant rançon; nous
l'avons payée, cette rançon; la voilà, elle a été ac-
ceptée; le langage explicite que vient de tenir le
sire de Luxembourg en fait foi. Ainsi, devant Dieu
et devant les hommes, Jeanne est bien notre légitime propriété. Et vous, vous que les lois de la
chevalerie me commandent de respecter, je me vois
forcé à regret de vous dire qu'en faisant entendre
ici des paroles de réprobation pour le traité que
vient de conclure avec nous votre seigneur et maître, c'est vous, madame, c'est vous qui violez les
lois de la justice. N'est-ce pas, Jean de Luxembourg? ajoute le chef anglais en se tournant avec
fierté vers le châtelain...

— C'est assez, répond ce dernier d'un ton de dé-
dain, c'est assez, emmenez votre prisonnière et videz de céans.

— Ah! noble sire! s'écrie alors la dame de Beaurevoir en fondant en pleurs et en embrassant les genoux de son mari, noble sire! vous voulez donc,
après avoir signé la mort de Jeanne, être témoin du
trépas de votre épouse infortunée (1)!!!

— Relevez-vous, madame; un sire de Luxembourg, vous devez le savoir, n'a pas pour habitude
de prendre les avis d'une femme... Ce que j'ai fait,
j'ai pu, j'ai dû le faire, et je ne m'en repens pas...

(1) Toutes les chroniques disent effectivement que la dame de
Beaurevoir se jeta aux genoux de son époux dans l'espoir de sauver
Jeanne.

Quant à vous autres, encore une fois, vous pouvez emmener votre prisonnière. Adieu !

— Adieu ! répondent avec fierté les chefs anglais.

Et, d'une voix entremêlée de sanglots, les deux nobles dames du castel de Beaurevoir ont fait leurs adieux à la pauvre Jeanne...

Et dans leurs bras elles ont pressé douloureusement l'infortunée ; et sur sa bouche elles ont cueilli pour la dernière fois le gage d'un éternel adieu (1).

(1) Quoiqu'il soit à peu près certain que Jeanne fut remise entre les mains des Anglais dans la ville d'Arras, cependant, comme les négociations de ce honteux marché eurent lieu au château de Beaurevoir, nous avons dû, pour rendre l'incident plus dramatique, y placer également le fait de la remise de cette infortunée.

CHAPITRE VIII.

De tout temps, insolent et parvenu
furent synonymes..... Mais la parvenue ?
Ah ! tenez, c'est pis que la dernière dame
de la halle..... Rien n'est plus effronté,
plus mal appris...

On dit quelquefois : c'est une langue
de vipère... Il serait peut-être plus exact
de dire : c'est une langue de femme...

Depuis le jour fatal où la jeune héroïne, victime
de son courage ou plutôt d'une infâme trahison,
était tombée entre les mains des ennemis de la
France, Charles de Valois était fort triste, fort
soucieux... Le découragement, l'hésitation, défauts
qui ont une si déplorable influence sur la destinée
des princes, s'étaient plus que jamais emparés de
l'esprit du faible monarque. De lâches courtisans,
pour qui l'honneur, pour qui la gloire de la patrie
n'est rien, favorisaient encore par leurs perfides
conseils cette molle apathie ; et loin, bien loin de
déplorer la perte de celle qui valait à elle seule une
armée, ils calomniaient, par de mensongères insi-
nuations, la victime du malheur.

D'un autre côté, par l'empire absolu qu'elle exer-
çait sur le cœur du roi, il était une femme qui

malheureusement pour la France achevait de le pervertir tout-à-fait. Et, en effet, depuis l'instant où ce prince avait accueilli Jeanne, il n'avait cessé d'être en butte aux amères plaisanteries d'Agnès Sorel. On a déjà deviné sans doute que c'est d'elle qu'il est question; de cette insolente beauté qui ternissait par tant de honte l'éclat que l'héroïne de Domremy avait fait jaillir sur le trône. Toujours est-il qu'il n'avait pas dépendu d'Agnès que Jeanne ne perdît bien des fois la confiance de Charles VII.

Celui-ci, depuis la perte irréparable qu'il venait de faire, n'avait pas encore osé en parler à Agnès, ou plutôt, redoutant les sarcasmes de cette dernière, il avait évité de la voir. Mais, comme dit le proverbe: *La faim chasse le loup hors du bois*, ou plutôt un besoin non moins impérieux, *l'amour*, tourmentait le sire... Il ne pouvait rester plus longtemps sans aller chez sa maîtresse; il fallait, quoi qu'il en pût arriver, qu'il s'accointât avec elle... Et puis, quand il s'agit *de certaines choses*, un petit moment de honte est bientôt passé.

Quoi qu'il en soit, l'amoureux monarque venait de se rendre chez sa maîtresse, Agnès Soreau, dame de Beauté (1). On se doute bien qu'il fut accueilli comme on accueille toujours un roi jeune et galant; et eût-il été vieux, il eût encore été fêté. En amour comme en toute chose ceux-ci ne sont-ils pas destinés à être sans cesse trompés? Et puis

(1) Agnès avait pris ce nom du château de Beauté situé sur les bords de la Marne; elle s'était d'abord appelée la demoiselle de Fromenteau.

n'est-ce pas un privilége tout comme un autre?
Toujours est-il que *celle* qui avait la charge hono-
rée, je ne dis pas honorable, *d'amuser le roi*, s'en
acquitta ce jour-là merveilleusement bien... Vous ne
trouverez pas mauvais, j'espère, lecteur, si je passe
rapidement sur ces scènes érotiques, renouvelées
bien des fois depuis, à la plus grande gloire des Ga-
brielle, des Pompadour, des Dubarry et autres co-
tillons de cette espèce...

Comme les entr'actes sont quelquefois assez longs
en pareille circonstance, on n'eut rien de mieux à
faire pour passer le temps que de *deviser*... Il
faut bien en convenir, madame Soreau avait la
langue assez bien pendue; c'est une qualité, pour
le dire en passant, qui manque peu au beau sexe.
Toujours est-il qu'elle faisait à elle seule, ou à
peu près, tous les frais de la conversation. On se
doute bien que le chapitre de la pauvre prisonnière
devait naturellement venir sur le tapis. D'ailleurs
Agnès mourait d'envie de se venger, c'est-à-dire de
tourner en ridicule la confiance que le roi avait
mise dans cette infortunée.

—Eh bien! sire, vous voilà donc veuf de dame
Jeanne? fit la belle maîtresse d'un ton doucereux.

—Hélas! oui, répondit le roi en poussant un
profond soupir; c'est une grosse perte...

—Elle n'est pas irréparable.

—Je crains bien que si.

—Mon Dieu! n'avez-vous pas maint vaillant
guerrier qui vaut de reste cette péronelle?

—C'est à savoir...

— Comment, vous pourriez mettre Dunois, La Hire, Xaintrailles et tant d'autres, au-dessous d'une petite villageoise qui n'avait jamais gardé que ses moutons ?

— Elle avait la confiance du soldat.

— Est-ce que ces vaillants capitaines ne méritent pas autant, pour ne pas dire cent fois plus, la confiance de votre brave armée que cette petite vachère ?

— A la bonne heure; mais elle était... Le sire n'acheva pas.

— Elle était ? dites-vous...

— Mais, oui, elle était Jeanne la Pucelle.

— Ah! ah! fit Agnès en ricanant, les pucelles ainsi faites ne sont pas rares; et vous ajoutez foi à ce bon conte?

— Pourquoi pas ?

— Prenez-y garde, tout roi que vous êtes, vous seriez autant et peut-être plus qu'un autre dupe à ce jeu-là; oh! oui, méfiez-vous-en, n'y jouez jamais : c'est un jeu de fripons...

— Excepté... fit le sire qui paraissait tant soi peu piqué.

— A la vérité, il y a des exceptions, reprit vivement Agnès, qui avait compris son imprudence; ainsi par exemple...

La belle balbutia, et jeta sur le roi un coup d'œil plus que significatif...

— Je comprends, répondit le prince d'un air où se peignait la passion, il y a exception quand c'est vous qui tenez les cartes... N'est-ce pas, ma mie?

Agnès rougit... A cette époque elle rougissait
encore ; au reste, c'était ce qu'elle pouvait répondre
de mieux au galant monarque.

Il se fit alors un moment de silence pendant lequel celle-ci, en coquette consommée, arrangeait ou
plutôt dérangeait sa guimpe en baissant les yeux...
Toujours est-il que le roi, profitant habilement de
cette manœuvre savante, se rapprocha de la belle,
et jeta un regard de feu sur cette guimpe écartée à
dessein, et devenue en ce moment, grâce à madame
Sorel, une parure qui ne remplissait plus du tout le
but pour lequel elle avait été imaginée...

Il faut bien le dire pourtant, le regard curieux
de sa majesté était bien plutôt une réminiscence
qu'un gage de son amour ; car, hélas ! le pauvre sire
n'en avait que trop vu, que trop su, sur le compte
de sa maîtresse... Toujours est-il que, à cette heure,
bien plus préoccupé de la mésaventure de Jeanne
que des appas d'Agnès, il s'écria d'un ton qui dé-
notait le plus vif intérêt à l'infortunée captive et
qui fit frémir de dépit madame Sorel : — Il me
semble pourtant qu'il y aurait moyen de sauver
Jeanne...

— Sire, reprit vivement la Pompadour qui se
contenait à peine, votre majesté est trop heureuse
d'en être débarrassée.

— Je ne suis pas de votre avis, ma toute belle.

— Croyez-moi sire, fit derechef Agnès, qui
jouait quelquefois à merveille la femme dévote,
lorsque la coquetterie ne lui réussissait pas, croyez-
moi, ne contrariez pas les vues de la Providence,

qui a permis sans doute , pour le plus grand bien de votre couronne , que cette petite aventurière tombât entre les mains des Anglais.

— A la bonne heure ; mais l'humanité me fait un devoir de la tirer de leurs mains, et de payer sa rançon.

—Gardez-vous-en bien , sire ; ces maudits Anglais ne seraient pas honteux d'exiger des sommes énormes... et je vous le demande un peu , Jeanne en vaut-elle la peine ?

— Certainement !

— Allons donc , vous voulez rire.

—Tenez , malgré tout ce que vous en pouvez dire et mon ministre La Trémouille, Jeanne la Pucelle valait et vaut encore à elle seule une armée. . Oui , je donnerais volontiers dix mille agnels d'or pour la ravoir.

— Sire, fit Agnès d'un ton sérieux , je commence à croire, à votre langage, que cette fille n'est pas tout-à-fait innocente des crimes dont on l'accuse.

— Que voulez-vous dire ?... Jeanne aurait commis des crimes ?... C'est impossible !

—Elle est coupable, vous dis-je, elle est coupable...

— Et la raison, s'il vous plaît ?

— La raison ? c'est qu'elle a jeté, à n'en pas douter, quelque vilain sort sur votre majesté...

— Et comment voyez-vous cela ?

—Par mon petit ! c'est bien facile à voir. Est-ce que, avant de connaître cette femme, votre majesté, toute généreuse qu'elle est , aurait jamais eu l'idée d'offrir seulement la moitié d'une si grosse somme pour la rançon du premier de ses capitaines ?

— Agnès, votre comparaison n'est pas juste ; Jeanne a fait, j'en jurerais sur mon épée, ce que pas un de mes guerriers n'aurait osé entreprendre. Oui, c'est à Jeanne, à Jeanne seule que je suis redevable de ma couronne.

— D'honneur, sire, je ne vous conçois pas aujourd'hui.

— Tenez, ma toute belle, je sais que vous jalousez Jeanne, et pourtant vous avez grand tort ; car la haute estime que je puis avoir pour cette fille extraordinaire n'ôte rien, je vous jure, à l'amour sans bornes que je ressens pour vous.

— Non, sire, non, vous n'aimez plus Agnès, puisque vous pensez toujours à cette femme, à cette malheureuse femme, qui s'est laissé prendre comme une sotte... Ah ! je voudrais pour tout au monde, puisque cela cause tant de souci à votre majesté, je voudrais que cette petite villageoise fût encore ici ! dussé-je perdre vos bonnes grâces, dussé-je en mourir de douleur !!!

Et, en disant ces étranges paroles, madame Sorel fit mine, je pense, de pleurer, ou tout au moins de se trouver mal...

— Ah ! ma mie, s'écria le prince tout ému en face d'une comédie si bien jouée, ma mie ! que vous êtes injuste ! moi, vous oublier !

Et le monarque amoureux de jeter sur sa rusée maîtresse un de ces regards passionnés que les femmes connaissent si bien...

C'était là qu'Agnès attendait le roi; car toute cette polémique sur Jeanne n'était au fond qu'un chemin détourné pour aborder un autre chapitre... Tous ces tendres reproches n'étaient qu'un adroit stimulant... La belle savait par expérience que son royal amant y répondait toujours par un redoublement d'amour..... Elle savait encore qu'il ne pouvait plus rien refuser alors, que sa générosité était sans bornes. Madame Sorel comprit donc que le moment était favorable, et, d'un air distrait qu'elle savait prendre à merveille, elle s'écria :

— Le juif est encore revenu, mais je l'ai renvoyé.

— Vous avez mal fait; son collier de perles vous sied à ravir; je veux l'acheter.

— Ah! sire, de grâce, n'en faites rien, reprit soudain la rusée commère qui mourait d'envie d'avoir le collier.

— Je veux l'acheter, vous dis-je, et vous en faire cadeau.

— Sire, ce serait me faire grande peine, je vous le jure, de dépenser pour moi tant d'argent.

— On ne peut trop faire pour vous, ma belle; d'ailleurs cet enfant d'Israël est fort raisonnable; il ne demande que deux mille agnels d'or de son joli bijou.

— C'est cinq fois moins que la rançon de cette pauvre Jeanne, fit Agnès d'un air hypocritement chagrin.

— Certainement !

Madame Sorel vit bien que c'était comme si elle

tenait déjà le collier. Mais l'appétit vient en mangeant : aussi était-elle loin, bien loin, de borner là ses désirs. Elle en avait déjà dit deux mots au juif ; mais elle ne savait comment s'y prendre à l'égard du monarque. Elle soupira de nouveau...

— Qu'avez-vous, ma géline? fit celui-ci d'un air inquiet?

— Ah! sire, si seulement il n'y avait que cela!

— Est-ce qu'il y a autre chose?

— Ce n'est jamais fini avec ces maudits juifs...

— Eh bien! il faut lui donner ce qu'il demande.

— Eh! mon Dieu! c'est tout le contraire; il ne demande rien ; il offre...

— Le brave homme! et qu'offre-t-il donc? je veux le savoir.

— Puisque votre majesté l'ordonne, elle saura que ce juif a les deux plus jolis bracelets qui se puissent voir; il en veut trois mille agnels, et prétend encore que c'est moitié pour rien.

— En effet, deux bracelets à ce prix, c'est vraiment pour rien. Je veux voir les bracelets.

— Ah! n'écoutez pas ce vilain juif; gardez-vous bien d'acheter ses bracelets; je ne veux plus rien, sire ; je ne veux que votre cœur, ajouta Agnès avec une naïveté comique.

— Ma mie, vous l'avez tout entier, vous l'avez sans partage, s'écria le roi avec un tendre sourire ; mais moi, je veux voir les bracelets.

— Que je me repens de vous en avoir parlé ! fit madame Sorel qui mourait d'envie de les tenir.

— Ne m'avez-vous pas dit, ma belle, que le juif ne demandait que trois mille agnels des deux bracelets?

— Oui, mais c'est trop! beaucoup trop!

— Eh bien! deux et trois font cinq; c'est dit, c'est arrangé.

— Au reste, fit Agnès d'un air distrait, ce n'est que la moitié de la rançon de la pauvre Jeanne.

— Certainement!

Madame Sorel comprit que c'était comme si elle tenait déjà les deux bracelets; mais la parure n'était pas complète; il fallait encore autre chose... Agnès le savait si bien, qu'elle en avait dit tout bas deux mots à l'enfant de Jacob... Mais le roi y consentira-t-il? s'était-elle demandé plusieurs fois à part elle... Dans l'incertitude, elle soupira derechef... C'est assez dire que Charles voulut connaître la cause de ce gros soupir que venait de pousser sa belle maîtresse.

— Tenez, sire, s'écria celle-ci en hésitant et comme si elle eût fait un grand effort, ce maudit juif est pour moi comme un noir cauchemar... Je ne puis le voir, le sentir. Il le sait, le malheureux! Eh bien! pourtant il est toujours chez moi; il m'obsède sans cesse; je n'ai pas assez de femmes pour le mettre à la porte... Encore aujourd'hui ce bouc barbu n'est-il pas venu chez moi en gesticulant, en gambadant comme un fou, en tenant je ne sais quels colifichets... Ah! sire, si vous saviez la frayeur qu'il m'a faite quand il m'a dit d'essayer cela! et quand, de ses vilaines mains crochues de juif, et sans attendre que je le permisse, il me l'a mis à mes oreilles... Oh! je lui en voudrai toute ma vie! Mettre de force à une femme des pendants d'oreilles! c'est un crime, sire; c'est un grand crime...

— Est-ce qu'il vous aurait fait mal? est-ce qu'il vous aurait blessée? fit le roi d'un grand sérieux.

— Non, mais faire cela de force... employer la violence...

— Agnès, le juif n'est pas coupable, reprit le prince du même ton.

— Puisque votre majesté le décide ainsi, j'y consens; mais j'ai eu bien peur...

— Dites-moi, ces pendants vous vont sans doute à ravir?

— Ah! j'oubliais; le juif n'a pas eu plus tôt terminé son opération, qu'il s'est écrié en bondissant de joie: —Ah! madame *Soreau!* vraiment vous êtes belle comme un *souleil!* Que le roi va être content!

— Il a dit cela, le juif?

— Sur mon honneur!

— Ne jurez pas, Agnès, je vous crois, et j'achète les pendants d'oreilles.

— Sire, vous serez la cause que je vais me trouver mal...

— Et pour quoi, ma mie?

— Sainte Vierge! y pensez-vous? mais c'est un arabe, ce juif. Savez-vous ce qu'il veut avoir de ses pendants? ça fait frémir!

— Et qu'en demande-t-il donc?

—Cinq mille agnels!!! sire, je vais me trouver mal...

— Remettez-vous, Agnès, le juif est raisonnable; je pensais qu'il demandait beaucoup plus.

— C'est donc moi qui ne m'y connais pas?

—Certainement! fit le roi d'un grand sérieux. Oh! oh! j'aurai les pendants; je ne veux pas manquer une bonne affaire comme celle-là. Comptons : deux et trois font cinq, cinq et cinq font dix. Dix mille agnels en tout. Qu'est-ce que cela, quand c'est pour Agnès? Et puis, s'il le faut, nous mettrons un impôt de plus sur notre peuple. N'est-il pas corvéable et taillable selon notre bon plaisir?

—Prenez garde, sire, on criera... on se mutinera...

— N'ai-je pas des hallebardes? Corbleu! je voudrais bien voir...

— Après tout, fit la belle maîtresse d'un ton de résignation étudiée, ce n'est que juste la rançon de cette pauvre Jeanne...

— Certainement!

— Sire! au moins, promettez-moi une chose, s'écria Agnès en joignant les mains et en faisant mine de se jeter aux pieds du monarque...

— Tout ce que vous voudrez, ma mie.

—J'y puis compter? Vous me donnez votre royale parole?...

—Je vous donne tout ce que vous me demanderez.

—Eh bien! sire, jurez-moi, foi de roi, que vous

ne songerez plus à cette grosse rançon que vous vouliez bailler à ces maudits Anglais.

— Je vous le jure.

— Ah! que bien avez raison! C'eût été grande duperie de votre part.

— Les Anglais n'auront pas un sou parisis de moi...

— Que vous agissez sagement! N'aurait-il pas été à craindre que vos guerriers murmurassent de vous voir dépenser follement tant d'argent pour une petite... catin?

— De qui voulez-vous parler? demanda le prince ingénument.

— Eh! mais, de Jeanne.

— A la bonne heure, répondit celui-ci avec un sang-froid imperturbable.

— Sire, je commence à croire que le juif a été bien avisé.

— Certainement!

— C'est dix mille agnels d'or de plus dans votre trésor, que sans cet heureux hasard vous jetiez en pure perte aux Anglais, hélas! pour...

Cette fois, Agnès n'acheva pas.

— Vous me portez bonheur.

— Ah! sire, puissé-je être assez heureuse pour cela!

— N'en doutez pas, ma mie.

— Il n'y a plus qu'une chose qui m'inquiète : c'est cette pauvre Jeanne, fit madame Sorel d'un ton hypocritement larmoyant.

— Ne pensons plus à cette fille, elle s'est laissé prendre ; eh bien, tant pis pour elle ! Qu'elle s'en tire comme elle pourra ; quant à Charles de Valois, il s'en lave les mains. Et puis, qu'ai-je besoin de Jeanne ? Le cœur d'Agnès ne me suffit-il pas ?

— Que votre majesté est généreuse !

— Je n'en ferai jamais assez pour vous, ma toute belle.

— Ah ! vous êtes un grand roi, s'écria la perfide maîtresse en jouant l'inspirée.

— Allons, venez, ma mie, venez avec moi faire un tour dans le parc... Peut-être y rencontrerons-nous La Trémouille. Nous lui conterons le bon marché que nous venons de conclure avec le juif. Il l'approuvera, j'en suis certain ; car, soit dit entre nous, il n'aimait pas trop Jeanne ; et dix mille agnels pour ravoir cette fille eussent été pour lui dix mille coups de hallebarde dans le dos.

— C'est un digne ministre que vous avez là, conservez-le !

— Oh ! je laisse et je laisserai crier les envieux ; mais on a beau faire et beau dire, je sais qu'il est dans mes intérêts ; je sais qu'il m'est dévoué plus que pas un de mes sujets, et je le garderai quoi qu'il puisse arriver.

— Bravo ! sire ; les rois ne sont vraiment rois que lorsqu'ils font leurs volontés.

— C'est bien comme cela que je l'entends. Venez, Agnès, venez ; plus de tristes pensées, et surtout plus de Jeanne.

— Sire, puisque vous l'ordonnez ainsi, je vous obéirai.

Et, en devisant de la sorte, le roi et madame Sorel s'étaient avancés sous les épais ombrages qui entouraient le château de Chinon.

FIN DU LIVRE HUITIÈME
ET DU DEUXIÈME VOLUME.